朝日新書
Asahi Shinsho 694

官僚の掟

競争なき「特権階級」の実態

佐藤　優

朝日新聞出版

はじめに

　私は外務官僚（外交官）だった。外交官時代には主として対ロシア外交と特殊情報（インテリジェンス）を担当した。そのときの経験から、国家はエゴイスティックな存在で、自国が生き残るためには、嘘もつくし、躊躇なく暴力に訴えるという実態を見てきた。

　過去数年の間に私の関心は教育にシフトしている。その理由は、急速に変化する国際社会の中で、日本国民と日本国家が生き残っていくためには、教育によって若い世代を鍛えていくことが不可欠と考えているからだ。

　私は、大学と大学院ではキリスト教神学という日本ではかなり珍しい勉強をした。そのおかげで、眼には見えないが確実に存在するものを見る訓練ができている。神学を研究したことによって得られた特殊な眼は、その後、外交官になってからも役に立った。

外務省ではロシア語の研修を命じられ、ロシア・スクール（対ソ連／ロシア外交に従事する外交官の語学閥）に属した。人生においては巡り合わせが重要になるが、私がモスクワで勤務したのは１９８７年８月から95年３月までの７年８カ月で、その間にソ連崩壊（91年12月）があった。昨日まで奨励された共産主義という価値観が否定され、犯罪とされる過程を目の当たりにした。

また、93年10月には、ソ連共産党やＫＧＢ（ソ連国家保安委員会＝秘密警察）と闘ったエリツィン大統領派と旧議会派の間で内戦が発生し、かつて共通の価値に向かって文字通り命を懸けて闘った仲間が、わずか２年で憎しみ合い、殺し合うような状態になるという悲劇の現場証人にもなった。

これらの経験は、その後、鈴木宗男事件に連座し、２００２年５月14日に東京地方検察庁特別捜査部に逮捕され、東京拘置所の独房に５１２日間勾留されたときにも役に立った。信念を貫き、友だちを裏切るようなことをしない人がロシアではよい人生を送ることができた。私もそうした人のように生きるよう努力した。

職業作家になってから『国家の罠』『インテリジェンス人間論』『外務省に告ぐ』（い

ずれも新潮文庫)、『交渉術』(文春文庫)、『官僚階級論』(にんげん出版)などで外務官僚について、さまざまなことを書いてきたが、私は官僚は現代社会において不可欠な存在であるし、官僚の能力と士気が、国民と国家に与える影響は極めて大きいと考えている。外務省と私は、依然として緊張関係にあるが、一部の外務省幹部とは、非公式に接触し、誤解からトラブルが生じないようにする安全保障の仕組みは作っていた。現役を離れた外務事務次官や大使を経験した人たちとは、親しい付き合いを続けている。東京地検特捜部が扱った刑事事件に連座して役所を去った人で、出身官庁とこのような関係を継続している事例は少ないと思う。

高校時代の友人で、外務省以外で勤務する官僚とは今も親しく付き合っている。各省の幹部になるような官僚には、能力が高く、人格も円満で、国民と国家のために全力を尽くして働いている人が多い。この人たちは、行政官としてどのようにすれば、激しく変動する国際社会の中で日本が生き残っていくことができるかについて真剣に悩み、考えている。

それだから、霞が関(官界)や永田町(政界)の内在的論理に通じているとともに、現在は作家として官僚とは異なる角度から社会を見ている私と意見交換をして、それを国家政策に生かそうとしているのだ。

過去数年、現役官僚との接触が飛躍的に増えている。官僚にとって、私のような履歴を持つ者と接触することにはかなりのリスクがある。意見交換を通じて官僚たちの危機意識が強まっていることが私にも皮膚感覚で伝わってくる。本書では、官僚に対してかなり厳しいことを書いているが、それは私の官僚に対する期待が高いからである。同時に、政治家に対しても厳しい批判を展開しているが、個人的感情から言っているのではない。批判のないところに進歩はないと考えているからだ。

私は本書を高校生や大学生にも読んでもらいたいと思っている。そして、「日本の社会と国家を強化するために官僚になろう」と考える若者が出て欲しいと思っている。

現下日本の病理は構造的だ。対症療法で問題を解決することはできない。少し時間がかかるが、教育によって能力と士気の高い若い世代を養成することが死活的に重要と考えている。

私は今年4月から母校の埼玉県立浦和高校で2年生の総合科目を担当し、11人の生徒に教えている。未来の官僚として優れた資質をもった人もいる。私の教え子から、日本の未来を託すに値する優れた官僚が出てきて欲しいと願っている。

本書を上梓するにあたっては（株）朝日新聞出版の中島美奈氏にたいへんにお世話になりました。どうもありがとうございます。

2018年10月16日、曙橋（東京都新宿区）の書庫にて

佐藤 優

官僚の掟　競争なき「特権階級」の実態

目次

第2章

第3章 官僚たちのローカル・ルール
～城山三郎『官僚たちの夏』という神話

第4章 「第二官僚」の誕生
～民主主義の危険な「迂回路」 121

第1章　こんなに統治しやすい国はない

周期的にくる「官僚の危機」

この一年、官僚の不祥事が相次ぎ、省庁のトップが更迭されたり逮捕されたりという異常事態が続いています。2018年3月、**学校法人「森友学園」への国有地売却問題**をめぐる当時の財務省理財局長・佐川宣寿（のぶひさ）氏の国会答弁をきっかけとした同省による**決裁文書改ざん**が発覚しました（朝日新聞のスクープが3月2日、このときは「書き換えの疑い」）。佐川氏は辞任し（3月9日）、衆参両院予算委員会で証人喚問されました（3月27日）。

折しも、財務事務次官だった福田淳一氏が**女性記者への執拗なセクハラ発言**を「週刊新潮」に暴露され（4月12日、同月18日辞任の意向表明、同24日の閣議で辞任が承認される）、財務省への批判は日増しに強くなりました。

一方、教育行政をつかさどる文部科学省では、科学技術・学術政策局長が**身内の不正入試の見返りに大学側に便宜を図った受託収賄容疑**で逮捕され（7月4日、同24日起訴）、統括官も**収賄容疑**で逮捕されました（7月26日、8月15日起訴）。自らも業者の接待を受けたことの責任を取る形で、戸谷一夫事務次官が辞任し（9月21日）、前年、天下り問題で辞めた前川喜平氏と二代続けての次官辞任という事態となりました。

こうした著しいモラル低下と倫理意識の欠如に、官僚に対する国民の目は冷ややかです。とはいえ、実は「官僚の危機」というのは周期的にやってくるものです。

今から20年前の1998年、**大蔵省接待汚職事件**が起きました。銀行、証券会社の大蔵省担当（通称ＭＯＦ担）による接待汚職で、**「ノーパンしゃぶしゃぶ」**という言葉が世間を騒がせ、国民を呆れさせた事件です。複数の官僚が逮捕・起訴され有罪判決が確定しました。これにより同年、財政と金融が分離され、金融行政を担う金融監督庁（現・金融庁）が発足し、大蔵省は財務省に改称されました。

２００１年には、私が在籍していた**外務省**にも嵐が吹き荒れました。田中真紀子氏が外務大臣に就任し、直前に発覚した**内閣官房報償費（機密費）詐取事件**の影響もあって省内は大混乱に陥りました（この事件を含め、外務省については次の第2章で詳しく述べます）。

のちに**鈴木宗男事件**と呼ばれる事件に私も巻き込まれました。鈴木宗男氏の明示的圧力によって、「アフガニスタン復興支援東京会議」に二つのＮＧＯが招待されなかったという疑惑が引き金となって、鈴木氏への激しいバッシングが起き、「親・鈴木宗男」と見なされた外務官僚たちが処分され、私の逮捕につながった一連の事件のことです。

「国益第一」で仕事をしてきたつもりだった私は、２００２年5月14日、東京地検特捜部に背任容疑で逮捕されました（6月4日起訴、7月3日には偽計業務妨害容疑で再逮捕、同月24日起訴）。東京都葛飾区小菅にある東京拘置所の独房に５１２日間勾留され、最高裁まで争った裁判は7年にわたり、懲役2年6カ月、執行猶予4年の判決が確定しました。外務省を失職し、裁判にかかった費用は４５００万円近くに上ります。あの事件から執行猶予期間を満了するまでに、実に11年以上もの歳月がかかったのです。

当時、私や鈴木さんの「排除」に積極的に動いた外務省ＯＢの中には、私からの「報復」や「仕返し」におびえている人がいる、などという話を耳にすることがありますが、私は自分がされたこと以上の対抗措置を取るなど考えたこともありません。

法務省でも仰天するような事件は起きました。２０１０年、**厚生労働省の障害者郵便制度を悪用した事件**で**大阪地検特捜部**の主任検事が、裁判を有利に進めるために**証拠と**

なるフロッピーディスクのデータを改ざんしたのです。この主任検事は逮捕・起訴され、実刑判決が確定しました。

防衛省にも**自衛隊の日報問題**がありました。２０１６年7月、自衛隊の南スーダン国連平和維持活動（ＰＫＯ）に派遣された陸上自衛隊の作成したジュバでの日報（活動報告）について、当時の防衛大臣は「なかった」と繰り返し答えていましたが、後になって出てきました。シビリアンコントロールがきいていないという批判はもちろんですが、私が気になったのは、むしろ、現場の自衛官が「戦闘行為があった」と書いたものを、上司がそのまま通してしまったことです。戦闘行為のある場所に自衛隊が行けないのは92年のＰＫＯ法成立過程で明らかです（あのときの小泉総理の「自衛隊が活動する地域は戦闘行為が行われない地域である。戦闘地域は自衛隊が活動しない地域である」という同語反復（トートロジー）の国会答弁は国際基準からは到底認められません）。もしかしたら、この上司はそういう立法過程すら知らなかったのかもしれません。

さらに、２００４年から06年までのイラク派遣のときの日報も「存在しない」としてきたのですが、計４３５日分、約１万５千ページにのぼる膨大なものが「発見」され、その事実は約3週間もの間、大臣に報告されなかったことが2018年4月に明らかになりました。

厚労省では、働き方改革関連法案をめぐる**労働時間調査において、データの2割がいい加減なものを根拠**にしていました。

このように振り返れば、官僚の不祥事や事件は周期的に繰り返されていることが分かります。だから、こういったニュースを聞いたときに私は「ああ、また来たな」と思ったわけです。

今までいろいろな官僚の危機が来たけれども、「官僚中の官僚」と言われていた財務省でなぜ再び危機が起きたのか？　原理的なところから分析しなければいけないと思います。そもそも、官僚というのはどういう存在なのでしょうか。

自殺の大蔵、汚職の通産、不倫の外務

キャリア官僚の多くは、子どもの頃から高い教育費をかけて勉強し、進学校から東大法学部へと進むのが一般的なコースと言えるでしょう。かつて私は、文部教官の発令を

受けて、東大教養学部の専門課程で教壇に立ったことがあります。ここは法学部よりも内部進学点が高い秀才の集まりで、その中でも特に成績の良い学生が集まるのが総合社会科学分科の国際関係論コースです。その中から試験で勝ち抜いてきた人が、外務省のキャリア職員には多くいます。

国家公務員採用総合職試験（かつての国家I種に代わって2012年度から新たに導入されました）に合格すると、候補者名簿に記載され、各府省は採用候補者の中から採用面接などを行い採用者を決定します。その中の誰を採用するかについては、多様な人材を確保するため、人物重視の観点に立って採用者を決定するので積極的な官庁訪問が大切、と人事院のホームページには書かれています。

2017年度の国家公務員採用総合職試験の受験者数は2万3000人余りで、一次試験（選択問題）を合格し、二次試験（記述、面接など）に合格した人は、2000人余りです。この人たちは将来の幹部候補生を約束された人で「キャリア」と呼ばれることになる人たちです。彼らが官庁訪問をして、希望する省などでさらに面接を受けます。財務省や外務省の場合、毎年20人前後しか採用されないので、筆記試験の成績が相当上の方でなければ、面接いかんによらず入ることは難しいと言われます。

さきに挙げた「胸触っていい？」「手縛っていい？」のセクハラ発言疑惑で辞任した福田元財務次官は、1982年入省です。当時、渡辺美智雄蔵相の「変わり者を採用せよ」との意向があったと言われ、この難関を通った超エリートの中の一人です。実務能力の高さと倫理観は必ずしも一致していないことが分かる好例です。佐川・前国税庁長官もこの年の入省組です。

キャリア、ノンキャリア（一般職、専門職）ともに、いったん採用されると、重大な刑事事件でも起こさない限り、安泰な役人生活を送ることができます。役所は居心地の良い場所なのです。その意味についてはすぐ後で説明します。いずれにしても、必然的に役所内の流動性は低くなります。

流動性が低くなると、そこにいる人たちの共通の価値観を反映したローカル・ルールが生まれます。そうしたルールを土台にして、長い年月を経て「官僚独自の文化」ができあがっていきます。明治時代から続く官僚階級には、すでに独自文化が形成されていると言えます。

たとえば「自殺の大蔵（財務省）、汚職の通産（経産省）、不倫の外務」という言い方があります。この慣用句からは、この三省がそれぞれ、どこに神経をとがらせているかが分かります。

大蔵省はメンタルが弱いことに関しては寛容だが（→裏返せば自殺者が多かった）、汚職や女性問題やセクハラには厳しいという意味です。通産省は企業や業界団体とのつき合いがあるから金品のやり取りには寛容な面もあるが（→汚職が多かった）、メンタルが弱い人や女性問題でトラブルを起こす人物はダメ。外務省は、省内のアルバイトの女性を愛人にするなど女性関係には甘く、ルーズなところはありますが（→不倫が多かった）、金銭トラブルを起こす人やメンタルが弱い人物には厳しい、ということです。

いずれも、こうしたタブーに触れれば「こいつは使い物にならない」との判を押されかねません。つまり、それぞれの組織の中で長年かけて共有されてきた文化のようなもので、言い換えれば鉄の掟（おきて）と言えます。

過去と現在とで似たような不祥事が時間をおいて繰り返されるのは、それが文化になってしまっているから「ここまでならやっても大丈夫」という暗黙の了解がある、とあの人たちは思い込んでいるのでしょう。

競争の土俵に上がらない

小泉改革以降、新自由主義の浸透した我々の社会には、成果主義と競争原理が持ちこまれ、富裕層と貧困層との格差が広がり、能力主義による実力の差が可視化されるようになりました。東日本大震災以来、「絆（きずな）」や「人とのつながり」ということが強調されるのは、そう言わなければならないほどに、人間関係のギスギスした社会が出来（しゅったい）してしまったからと見ることができるかもしれません。

ところがそんな社会の中に、ほんの一部だけに張られた、ある種の「結界」のような聖域が残されている。それが官僚の世界なのではないか、とひとまず考えてみます。その中にいれば、絶対に脅かされることのない安全な場所、競争にさらされることもなく、ひとたびそこに入ってしまえば自分を守ってくれる「あたたかい世界」であると。

第三者的に見れば、官僚というのは、常にモラルも金銭感覚も、国民の目によって監視される息苦しい職業だ、それなりに地位のある役職につけば国会で答弁しなければならないし、勉強不足や適性の欠けた大臣の背後で、分厚い資料のファイルの束を抱えながら「回答」を耳打ちする黒衣だ。いざとなれば佐川・前国税庁長官のように総理をかばった挙げ句に国会で吊し上げられ、事実上、更迭される。それのどこが「あたたかい世界なんだ?」そう思う人がいるかもしれません。

たしかに、上司の小間使いをして、下働きもイヤと言うほどして、組織防衛に汲々としているように見えるかもしれませんが、それは競争のない世界と「表裏の関係」にあるふるまい方です。これは私の実感として言えることですが、中央省庁というのは「競争の土俵に上がらない」「自分を追求して個性を発揮できなくても生きていける」まさに保証された安全地帯でもあるのです。

官僚は組織の中にいるからこそ、新自由主義の荒波を受けずに済んでいる。なぜなら彼らは競争から免れているからです。官僚社会は、一般社会のような勝ち負けがない、まったくの別社会です。官僚である限り、「対外試合」に出かけて無様な目に遭うことはない。官僚は「公」の中にすべて自分を埋没させることができて初めて「競争なき、あたたかい世界」をまっとうできるのです。そのためなら、バカバカしいように見えることでもひたすら滅私の精神で奉仕できる。

ソ連の官僚の鉄のモラル

官僚社会では、身分保障がしっかりしています。ぬるま湯で、コップの中の嵐はしょっちゅうあるけれど、総じて守られている世界です。あのソ連が1991年に崩壊するまで持ちこたえられたのもまさに官僚制によって支えられていたからです。どういうことかというと、ソ連の官僚はモラルが高くて、あの共産主義体制を実現することが、人生の目的だと本気で考えている人が多かったのです。それだから、給与はぜんぜん上がらなくても、出世できなくても、「エリートというものは人民や社会のために働かないといけない」と鉄のようなモラルがあり、それが強かったのです。その意味においては、聖書の中の「使徒言行録」20章35節にある「受けるよりは与える方が幸いである」というイエスの言葉をまさに地で行く人たちが多かった。言い方を変えれば、共産主義というのは、世俗化された形でのキリスト教だったのです。

遠藤周作が小説『沈黙』で描いてみせたように、江戸時代の鎖国という状況の中でも殉教を恐れずやって来たカトリック教会の宣教師たちと同じだけのモラルがあったと言えます。私がつきあったソ連の官僚も、とくに選び抜かれたエリートたちは、滅私奉公型の人たちが多かったと思います。深夜の1時、2時まで仕事をするのは普通のことだと考えていたし、それでも文句一つ言わずに働いていました。

だからこそ、ソビエトという体制が破綻してボロボロになっても、崩壊する寸前まで、あの国はもっていたのです。「この体制の中で何とかしないといけない」と必死で考えながら、しかし、エリート官僚たちにも「大局」は見えなかったわけです。この体制にはもう発展可能性がない、ということが見えずに、なんとかこの中で生き残ろうという弥縫策（びほうさく）をいろいろ考えていたのです。

官僚に「落選」はない

さて、2017年度の日本の一般職の国家公務員数は、約28・5万人です。30万人にも満たない極めて狭い世界です。このほか国家公務員法が適用されない特別職が約29・9万人、その中では自衛官が24・7万人ぐらいいます。一方、地方公務員は約273・

9万人。窓口業務などで直接、市民や社会と接する機会が圧倒的に多いからこのボリュームです。それと比べても、国家公務員はひとにぎりの特殊な世界の住人です。

さらに医師と比べてみると、その少なさは一目瞭然です。医師国家試験は約1万人が受験し、約9千人が合格しているから合格率は9割です（2018年3月）。するとこの9千人が、職業として医師を50年ぐらい務めるとすれば、ざっと四十数万人の医師がいると考えられます。それに対して、外交官なら毎年約70人が試験に合格して、35年勤務するとして、在外公館でだいたい3500人、国内の外務省本省で約2500人いますから合わせて6千人ぐらい。ケタ違いに少ない職能集団です。財務省だって本省でのキャリア、ノンキャリアだけなら年間50人ぐらいしかいない。

しかも、官僚の仕事は、政治家なしには一日たりとも動きません。日常的にいちばん多く政治家に接する特異な職業でもあります。とくに外務省は政治家との接触が多い役所だったので分かるのですが、誰の目にも明らかなほどエキセントリックで非常識な人は、長く政治家で居続けることはできません。そんな人は選挙で選ばれず、淘汰されるからです。「このハゲ〜っ！」などの暴言を吐く人もいましたけれど（あの議員も官僚出身でした）、少なくとも、次の選挙では落とされます。しかし、官僚に「落選」はありません。エキセントリックであろうと倫理観が欠如していようと、法令に違反しない限りクビにはならず、年功序列でそれなりに出世もできます。

官僚は年次がすべて

なぜ、官僚の世界はそれほどまでに「競争なき世界」なのでしょうか。

答えを先に言ってしまうと、官僚にとっては年次がすべてになるからです。

とくにキャリアは入省が一年違えば、天国と地獄と言われます。体育会の先輩後輩どころの差ではなく、まさに軍隊における将校と兵隊ほどの階級差にも匹敵します。それはノンキャリにも当てはまることで、若いころは先輩から仕事を教わることばかりで、その結びつきはきわめて強い。

年次がすべてという理由は、エリート集団の中で激しい競争でもされたりしたら、人材の潰し合いになって、組織としての機能不全を起こしかねないからです。府省への入り口で難関試験を突破した後に指標となるのは、まさに年次のみです。

それは進学校の中における「棲み分けの論理」と似ているように思います。たとえば、灘とか私立武蔵とか県立浦和では基本的に、教師たちは学校の中で受験や成績や校内順位の話はあからさまにはしません。ましてや「お前はこの大学を受けろ」という進路指導などはないのです。そんなことをしたら、学校の中や生徒同士の関係が、ぎくしゃくして雰囲気が悪くなり、どうしようもなくなるからです。だから、期末試験結果の順位も出さない。

私は今、出身校の県立浦和高校で教える機会があるのですが、誰が何位にいるのかという成績が分からなくなっていることに驚きました。細かく科目を分けて、個人ごとに選択科目の組み合わせが違うから、文系理系の別に加えて、たとえば「文系で世界史選択」とか「理系で物理選択」とか、選択科目が一人ひとり異なり、単純加算で順位が出せないような形にしている。ただし、駿台全国模試を受けた場合などの校内順位はわかります。そのあたりは、学校側も相当気を遣っていますが、まさに棲み分けの論理が働いていると言えます。

官僚も同様に、ごく少数の閉鎖的な集団の中において、「競争はしない」という建て前のもと、年次ですべてが動く世界なのです。

どの上司に評価されたか

とはいえ、同じ年次に入省した人同士の競い合いはあります。でもそれが起きるのは、10年から15年後ぐらいのことです。最初の10年、15年ぐらいは、横並びで差がつきません。課長補佐ぐらいまではほぼ横並びです。しかも、その競り合いに参加できるのは、年次の中でもさらに少数にしぼられた一部の人に限定されます。

要するに、役所の外側に対しては団結して、ある時期までは年次とともに「みんな一緒」の穏やかな世界。それがある時期から激しい競争が始まります。

そこでの勝ち負けについては、同期が一歩先に行ったらみんな喜んで退く、という文化があります。その「細い道」を通れた人、つまり、晴れて課長になった人は、さらなる上に昇って行くための熾烈な本格レースが始まります。なぜなら、課長になってようやく政治家との関係が出てくるからです。そこから急に「よーい、ドン」というレースが始まるのです。

ここで頭一つ抜けるコツは何か。もちろん、そつなく仕事をこなし、政治家との関係をうまく築き、省に有利に政策を進めることであるのは言うまでもありません。しかし有能ぞろいの官僚です。結局、そこで差がつくのは「上司からの評価」です。そこで認められた人だけがより上に行けるわけですが、そのポイントは「誰に認められるか」にある。要するに、「どの上司に評価されたか」ということに尽きます。身も蓋もないような話ですが、「芽のある上司のライン」に乗ることができれば、上に行けるのです。

課長までなら部下も含めた評価になります。けれども霞が関の官僚は、課長職より上になると個室を持ちます。裏返して言うと、日常的に見ている部下という「実働部隊」がいなくなります。

この点、財務省の力の構造は、他の省とだいぶ違って、課長より一段下の主査が、他の省の課長クラスを相手にします。実質的に予算の査定をするため圧倒的な力を持っているので、財務省の場合、昔の憲兵に似ていると言えるかもしれません。憲兵は自分より一階級上まで取り調べることができました。憲兵の兵長であっても、伍長を取り調べることができたのと同じです。

もう一つ、特殊な省庁が、警察庁と防衛省です。この二つに入れば、最初から「超幹部」扱いです。というのは、両方とも25万〜30万人ずつ抱える、中央省庁の中では大所帯ですから（警察は地方公務員と国家公務員で構成される）、20代のころから、警察庁では数百人、防衛省だと千人以上を束ねることになる。このとき重要な資質は何かといったら、責任が取れる人物かどうかでしょう。両組織とも、国家の中において正当に武器を扱うことが許された役所です。ということは、必ず一定のリスクがあります。どうしたって事故が起きるものですから、そのときの責任の取り方が問われるのです。部下がとんでもない事件、事故を起こした場合は、どんなに能力があっても直属の上司は責任を取らされるので上には行けなくなる。だからある程度、「人事は運だ」という感覚が若いころからつくのだと思います。

「劣位」の元キャリアの特徴

総合職の場合、国家公務員試験の成績結果は、府省に入るときには大きな意味を持ちますが、いったん入れば、その成績が直接的に出世に影響することはありません。こうした「ハンモックナンバー」（海軍兵学校の卒業席次）を使う役所はまずないと思います。だれの部下になったかという「上司のライン」が出世の決め手になるから、その意味において、日本の官僚組織は、陸軍の伝統を引いていると言えます。海軍の卒業成績は一生ついてくるけれど、陸軍の場合は関係ありません。

「キャリア」「ノンキャリア」の身分差を強調する「元官僚」を売りにしている書籍をときどき見かけますが、私から言わせると、仕事のできない「劣位」なキャリアが自分を大きく見せようとして言っているか、あるいは、よほど組織に恨みをもって辞めたノンキャリアが言っていると見て間違いありません。ふつうに霞が関で仕事をする場合、「棲み分けの論理」が働いているので、それぞれの人が満足できる態勢ができあがっていると言えます。ですから、まともな官僚であったならば、自分がどんな仕事をしてきたのか、それを成し遂げたことで国の役に立つことができたのか、当初の志はなぜ折れたのか、そうしたことが論理的に説得力をもって書けるはずです。国益を判断の軸として仕事をしてきたつもりの私からすると、そうした中身のない空疎な「官僚論」など読むだけ時間の無駄に思えます。

官僚が起こす不祥事の質

さて、官僚たちにとって、現在の日本ほど統治しやすい国はないと私は見ています。官僚が国民のためにその実務能力を遺憾なく発揮できる環境にあるという意味ではありません。むしろ、自分たちが何をやっても国民は怒らないだろうから、政権の顔色をうかがいながら、自分たちがやりやすいように仕事ができる、と考えているのではないかと思います。

森友学園問題では、財務省職員が自分たちの上司の国会答弁に沿うよう、決裁文書を書き換えました。経産省に至っては、2018年3月、省内外で行う打ち合わせなどの記録について、出席者の個別の発言まで記録する必要はないという文書を省内の会議で配布していたことが分かっています。

国家戦略特区選定の実務を行うワーキンググループ委員の岸博幸・慶應大学教授と元経産省の石川和男・社会保障経済研究所代表は雑誌の対談で、財務省の決裁文書改ざんについて驚くべき発言をしています。

〈**岸**　（中略）「役人が自分だけの判断で公文書の改竄などできない」と言う人がいますが、それは違うと思います。情報が漏れず完全犯罪が可能という自信があれば、組織防衛や自己保身のためならば公文書をいじる位のことはやるはずです。（中略）官僚がヤバいことを政治家には言わないということは、逆に、バレないと思えば、書き換えぐらいのことは平気でやるということですよ。はっきり言って、書き換えなら僕と石川さんがいた経済産業省でも、よく、あったでしょう。

石川　ありましたね。（中略）例えば、別に何かを誤魔化そうというんじゃなくて、文書を後から、よく見たら間違いが見つかるんです。そういうときに勝手に書き換えて、直しちゃうんですね〉（「正論」２０１８年5月号「書き換えは霞が関の常識？」）

公文書は、政策がどのような経緯で、誰が関わって意思決定に至ったのか、後世の検証に耐えるべく誠実に記録を残しておくべきものです。当然、官僚であればその重要性がわかっているはずです。これは、〈全体の奉仕者〉（日本国憲法15条）としての官僚が、同時代の国民、そして未来の国民のために果たすべき責任でもあります。

ところが現実は、そんな公文書を都合よく書き換えたり、そもそも問題になりそうなことは書かなくていいとごまかしを指示したりしている。国民に対する責任感も緊張感も感じられません。

逆に言えば、官僚からすれば、一般国民はその程度に扱っても構わない、公文書を改ざんしても、どうせほとんどの国民は政治や行政に関心がないのだからと、舐めてかかっているのではないか。こうした意味で、今の日本は官僚にとって統治しやすい国だろうと思います。

さきに述べたとおり、役人の不祥事は今に始まったことではありません。現在は、SNSなどで瞬時に情報が広がり共有されるのに対して、そうしたテクノロジーのなかった時代には、表に出てきにくかったというだけの話で、本質的には同じような不祥事を繰り返し起こしているのです。不祥事を起こした数年間は、頭を低くしておいて、のど元過ぎれば本来の性質がいかんなく発揮されるのです。

ではなぜ、今の日本が統治しやすいのでしょうか。官僚が統治しやすくなった背景には、新自由主義の進展で、国民の間の格差が拡大すると同時に、国民が〝バラバラになっている〟という現象があると思います。では、国民がバラバラになるとは、どういうことでしょうか。

ヤル気の搾取とタダ働きの心理学

新自由主義社会で礼賛されるのは、競争の中で人を「追い抜く」ことです。それによって、自分だけ利益があればいいと考えるようになる。それだから、連帯も団結もあったものではない。統治する側が、ちょっとした餌をぶら下げれば、いともたやすく飛びついてくる。それはまさに「ヤル気の搾取」です。そうして徹底的に働かせて、過労で使い潰したら次の人を見つける。その永久運動です。

言い方を換えれば、それ以上には切り分けることのできない「アトム(原子)化」された人間たちは、個性がないから、代替可能なただの部品になります。そこには、かけがえのない一人ひとりの個性という発想がありません。あるのは消耗品という殺伐とした見方だけです。

ところが、人間は消耗品という形では、自分を認めたくない動物です。そこに着眼したのが、お客様に「ありがとう」と言葉をかけられることにやりがいを感じる、といった類のイデオロギー操作です。その実は低賃金搾取をしているわけです。数年前まで、そういう居酒屋チェーン店がいくつもありました。

これは新自由主義の中の、人間の承認要求に訴えかける心理操作と言えます。つまり、そこで低賃金という、限りなく「タダ働き」に近いことを喜んでさせるという仕組みです。言葉を換えれば、「タダ働きの心理学」が活用されていることになります。新自由主義は人間の承認要求を巧みに使っていくらでもタダ働きをさせる。その端的なのが、アマゾンの読者レビューに見られます。「ベスト500レビュアー」「ベスト1000レビュアー」などの特別なラベリングをすることで、「世の中に影響力を与えている」という承認要求を満たしているのだと思います。その「タダ働きをさせる」ことが新自由主義の一番の特徴でしょう。しかも、ＡＩがそれを加速している。このとき最大限に利用しているのは、人間の心理にある承認要求だと思います。

ところが、それが中間団体の中であれば、人々はアトム的にはふるまいません。中間団体とは、労働組合のような職能集団のことです。あるいは、宗教団体もそれに当たります。これらの集団は、細かな内部対立があるにしても、外に対しては、原則、一枚岩で団結しています。その中で仕事するうえでは、統治者が望むような形で、過重な労働をさせたり、成果を出させたりということができません。その代わり、人々は消耗品扱いをされないし、潰されることもない。当然、支配されにくい。

新自由主義が人々をバラバラにして競争させる。そこで勝った人は、「すべてを得られる」という幻想を持たされるけれど、勝つことができるのは使い潰されるまでの短期間だけです。社会がこういう状態になると官僚は非常に統治しやすくなるわけです。

官僚の背後にある存在

ただ、いくら統治しやすくなったからといって、官僚はその制度上、自らの意思だけで国を自由に動かすことはできません。官僚の背後に、強い力を持つ存在がないことには、政策に息を吹き込むことはできないはずです。だからこそ、その存在に対しては、忖度しても、し過ぎることがない。早い話が、官僚の「親分」は安倍晋三総理で、しかも「一強」と呼ばれる大親分です。

官僚が働く省庁は行政組織です。行政権は内閣に属しています。内閣の長は総理大臣（首相）です。内閣は国会で決まった法律を実行に移し、予算案を国会に提出し、予算が成立したら、そのお金を使って政策を進めます。そうした実務を担うのが、各省庁の官僚たちです。

森友・加計学園問題で目立った安倍総理や閣僚による論点ずらしや、昨日と今日とで言うことが変わる答弁、働き方関連法案の審議で明らかになった、法案を通すために不適切なデータを基に作成した資料、国民の間で賛否が大きく割れる重要法案でも審議を尽くしたと言っては繰り返される強行採決――こんな乱暴なやり方で成立したのが特定秘密保護法（共謀罪）や働き方改革関連法です。

こうした安倍政権の国会運営に対し、「国会軽視」という批判がたびたびなされます。国会は、国民が選挙で選んだ議員によって構成されています。ということは安倍政権の態度は、「国民をバカにしている」と言っていいと思います。「親分」の安倍総理がそんなふるまいを平然とするものだから、「子分」の官僚も国民のことを歯牙にもかけなくなる。

内閣人事局と首相官邸

安倍政権の強引なまでの強さとは、何に由来するのでしょうか。

官僚と政権のあり方を決定的に変えたと言われるのが、内閣人事局の設置です。安倍政権は、2014年、内閣人事局を設置しました。中央官庁で働く約4万人の国家公務員のうち、事務次官や局長など、約600人の人事に首相や官房長官が直接かかわるようになりました。これによって、首相官邸が官僚の人事権を握ったわけです。

〈官邸の主である安倍晋三首相や菅官房長官の秘書官経験者など近しい官僚が抜擢されるように見える人事が多くなる。／そして一方で、官邸の意に沿わない高級官僚には人事の面で厳しい処遇が次々となされるようになる〉と解説するのは、「ゆとり教育」の旗振り役を務めた寺脇研・元文科省大臣官房審議官です。

〈ふるさと納税の拡大について反対した総務省の局長がこの制度を推進してきた菅官房長官から昇格取りやめの憂き目に遭った話、農水省で農協改革への積極的取り組みを評価されて官邸から任用された奥原正明事務次官に反対する次期次官候補たちが退任させられた話などがある。外部のわたしにも伝わるこうした件以外にも、おそらく「官邸のご意向」人事がいくつもあるのだろう〉（「ジャーナリズム」2018年6月号、寺脇研「甚だしい政治家の劣化　憂う官僚、忖度や萎縮」）

もう一つ、高級官僚ならではの特典としての「天下り」という問題にもそれがかかわってきたといいます。

〈内閣人事局が官僚たちに与えるプレッシャーは、より高位のポストに就くためだけでなく、排除されないため、また、あまり知られていないが定年の壁をクリアしたり定年延長を可能にしたりできるかどうかにもかかわってくる。首相や官邸幹部に関係がありそうな案件に配慮する忖度や、失策を恐れる萎縮、さらにはそこに取

り入ろうとする「ご機嫌取り」が目に余るようになってしまう〉（同前）

もっとも以前から局長以上の人事は官邸の了解を得て行うというのが不文律でしたから、内閣人事局の設置を過大評価してはなりません。

内閣人事局は内閣官房に設置し、局長は官房副長官の一人が兼務します。それまでの方式は、各省庁で人事案を固めて官邸に諮るやり方でしたが、内閣人事局が事務方となって、内閣官房長官が適格性を審査し、幹部候補者名簿を作るという制度的な変更を行ったのです。

公務員給与のランクをつける機能についても、人事院の関与は残しつつも、内閣人事局に移管されることになりました。こうして首相官邸の地位が飛躍的に強化されました。これは何も官僚に限った話ではなく、内閣においても、与党においても、政治家に対する安倍さんの強権ぶりは、石破茂元幹事長との自民党総裁選をめぐるテレビ討論の場でも明らかになりました。「閣僚の一員のくせに総理大臣を支持しないのなら辞職せよ」。農水大臣に「安倍親衛隊」と呼ばれる周辺からの「恫喝」があったことに、驚きを禁じ得ません。

世論と信頼

総理が、国会で森友・加計問題をめぐって曖昧な答弁を繰り返し、麻生太郎財務大臣の「セクハラ罪という罪はない」などの暴言・失言が止まらなくても、なぜ内閣支持率が、あるところまで下がっては上昇するのか。象徴的だったのが、2018年3月27日、森友学園の国有地売却問題をめぐり、衆参両院で行われた佐川前長官の証人喚問を受けての世論調査の結果です。佐川氏の説明に納得できた人はあまりいなかったと思います。それでも佐川氏の証言が野党の追及より、一枚も二枚も上手だったということもあってか、内閣支持率はどん底にまでは落ちませんでした。

読売新聞が4月2日に発表した世論調査では、前回より6ポイント落ちて42%。共同通信が4月1日に発表した世論調査では、前回より3・7ポイント上昇して42・4%でした。読売と共同では前回調査の日付が異なりますから、支持率の上昇・下降は意味を持ちません。私はむしろ、いまだ42%も支持があるという事実に目を向けました。佐川氏の証人喚問に世論の大半は納得していないにもかかわらず、なぜ、自民党政権にとってプラスともいえる数字が出てきたのでしょうか。

結論から言えば、国民が混乱を嫌っているからです。佐川氏の証人喚問について、野党は共産党を除いて、事実関係の精査さえせず、ただ政争の具として使っていました。こんな野党が安倍内閣を潰して政権の座についたとしても大混乱しか起きないことが、国民には直感的に分かっているのです。

信用した自分がみじめになる

ドイツの社会学者ニクラス・ルーマンの著書『信頼』（大庭健、正村俊之訳、勁草書房）によれば、多くの人から信頼を集めている人や団体に不信を招く言動があった場合、しばらくの間はその人や団体を信じようとします。信頼した対象からすぐに離れてしまうと、信用した自分がみじめに思えるからです。しかし不信を招く言動が重なり、ある閾値（いきち）を超えると、とたんに人々の信頼を失い、信頼は回復することはない、といったことが書かれています。信じていた人に何度も何度も裏切られたら、「いい加減、もう、あなたのことは信じられない」となるのが人間の心理というものでしょう。

民主党から枝分かれした現在の野党各党は、民主党政権の失敗のため、すでに信頼に足る閾値を外れています。現在の野党の体たらくが、それを証明しています。つまり、42%という内閣支持率は、野党が国民から信頼されていないことの裏返しに過ぎないのです。実態としては、いつ政権が崩壊してもおかしくない状況です。しかし、何度も言いますが、安倍政権は崩壊の兆しすら見えません。

国民はこの政権をどのように見ているのでしょうか。

出口戦略も立てられず

安倍総理は、２０１４年11月と２０１７年9月の2回、衆議院を解散し、その後行われた選挙で圧勝しました。現在は第４次安倍内閣となっています。

安倍総理は、長く続くデフレ、円高で輸出企業の業績は上がらず、株価は低迷という、停滞していた経済を成長軌道に乗せることを目的に、アベノミクスと呼ばれる経済対策を目玉政策として打ち出しました。安倍政権発足とほぼ時を同じくして日本銀行総裁に就任した黒田東彦（はるひこ）さんは、デフレ脱却のため消費者物価を2年で2%上昇させることを目標に異次元緩和を行うと大見得を切りました。株価は上がり、失業率も改善されましたが、庶民に景気回復の実感は乏しいと言われています。「2年で2%」は、いまだ達成されることはなく、異次元の金融緩和の出口戦略を立てることもできず、副作用が心配され、いよいよ行き詰まりが見えてきています。

振り返れば、この政権だって決して平坦な道のりではなかったはずです。ところが、何度か政権維持の危険水位まで低下した支持率は、いつの間にか回復してしまいます。

政権発足からしばらく、私は安倍政権を反知性主義だとして批判的な立場から論評してきました。反知性主義は「客観性や実証性を無視もしくは軽視して、自分が理解したい形で世界を理解する態度」と定義できると思います。平たく言うと、自分のことが好きで好きでしょうがない人には、そもそも周囲を見るという選択肢がない。国会のような公の場で、安倍総理は感情的になって、非論理的な言葉をまくし立ててすぐムキになります。野次も飛ばします。安倍総理は64歳です。この歳になっても自分の感情をコントロールできないのかもしれません。しかし、その感情が安倍さんの政治的原動力でもあるのです。

ロシア文学者の内村剛介氏の著書に『ロシア無頼』（高木書房）があります。エッセイですが内村氏が体験し、見聞きした事実に基づいた作品で、ロシア人の内面を深く見つめた作品です。この本の中にロシア人のものの考え方の特徴を言い表した「無法をもって法とする」という一文があります。これこそ安倍政権のあり方に重ね合わせて読むべきものだと思います。権力の凄みは法的枠組みにとらわれないところにあります。

反知性主義者との戦いは非常に困難です。なぜなら、反知性主義者は知識が足りないだけではなく、知識や知性を憎んでいるからです。憲法をめぐる閣僚の答弁には、知識や知性に対する敬意が感じられません。このような人たちに対して啓蒙による説得は不可能です。しかし、そうだからこそ安倍政権は「強い」のだと思います。「自分が理解したい形で世界を理解する」ために都合のいい要素以外は、いくら正論であっても、雑音にしか聞こえないのでしょう。

超然内閣の根にある反知性主義

今の安倍政権の姿がよく見えてくる話を、この章の締めくくりとしてみましょう。安倍政権は、どれだけ筋が通っていることでも、自分にとって好ましくなければ「超然」とした態度をとることができるのです。1889年、大日本帝国憲法公布の翌日、首相の黒田清隆は、集まった地方長官を前に「超然政党の外に立ち」不偏不党の立場で政治にあたれと演説をしました。これがおそらく皆さんも社会科の授業で習った「超然主義」あるいは「超然内閣」の由来となるエピソードです。

大日本帝国憲法には、首相や閣僚は国会議員から選ぶという決まりはありませんでした。ですから政党に左右されず「超然」として政策を実行できる超然内閣が成り立ちました。いまの安倍政権は事実上の超然内閣だと思います。

その根幹にあるのが、反知性主義だと思いますが、反知性主義だけでは、現在の議院内閣制の下で超然内閣は成り立ちません。常識的に見れば、森友・加計学園問題で明らかになった国会軽視の姿勢で、与党内から「安倍おろし」が始まり、野党から激しい攻撃を受け、政権を維持できないか、支持率の低下で求心力を失っていることでしょう。

安倍政権が事実上の超然内閣になっているのは、いくつかの追い風が同時に吹くという幸運にも恵まれたからだと思います。繰り返すようですが、野党の弱体化がまず挙げられます。むしろ衰弱と言いたいくらいです。衆参両院の議席数を見ると、自民党は衆議院で283議席を占め、単独過半数です。連立を組む公明党の議席と合わせれば、憲法改正を発議できる3分の2を超えています。参議院は125議席。公明党と合わせれば、3分の2には達しないものの150議席。通常の国会運営に支障はありません。

さらに安倍首相の出身母体、自民党はかつてのように、派閥が政策を競い、それぞれの派閥の長が首相の座を狙う、合従連衡は日常茶飯事という緊張感がありません。議員も小粒になりました。政策と胆力のある政治家が果たしてどれほどいるでしょうか。小選挙区制では一人しか当選できません。党から公認をもらえなければ莫大な選挙費用を捻出できず、中堅議員以下の当選はおぼつきません。必然的に自民党所属議員は安倍氏の顔色をうかがうようになります。超然内閣にならない方がおかしいのかもしれません。

ロシアと似た無関心

自国のことは第三者的に冷静な目で捉えづらいものです。2018年3月に行われたロシア大統領選挙の結果が、安倍内閣と世論の関係に共通する部分が多く、我々にとっても参考になると思います。ロシアでは、プーチン大統領は国民から好かれていません。それでも7割以上の得票率で大統領に当選しました。

プーチンの政策のポイントは、ロシアに中産階級を作り出すことにあります。90年代、ソ連崩壊に伴って、急激なインフレが起きました。国有財産の民営化が進められる過程で貧富の差が極度に拡大し、社会が大混乱に陥りました。この混乱から脱却するには、分厚い中産階級を形成する必要がありました。プーチンはその政策を推し進め、中産階級の形成に成功した結果、人気を失ったのです。

なぜならば、中産階級とは本質的に非政治的な存在だからです。これは代議制民主主義の根幹にかかわる話で、この制度下では、市民が政治家を投票によって選出します。すると、政治は職業政治家によって行われ、市民は政治に関して何をするかというと、何もしません。代わりに、「個の欲望」を追求するようになります。ヘーゲルやマルクスが市民社会を「欲望の王国」と呼んだのがこれに当たります。経済が順調である限り、市民は政治的に無関心なのです。プーチン政権下でも、2014年までは経済が順調でしたから、市民の不満は少なかったのです。

ところがこの年、プーチンがウクライナ南部のクリミア半島を併合したことで、欧米諸国はロシアに対する経済制裁を行い、ロシア経済は打撃を受けました。そのために中産階級の生活水準が低下し、プーチンに対する不満が高まりました。しかし、プーチン以外に受け皿になる人物が見当たらないし、プーチン以外の人間が政治の舵取りをしても大混乱が起きることが分かっている。だから、プーチンに不満を持っている市民も、混乱よりはプーチン政権が続くほうがマシだと判断して、大統領選挙で彼に投票したというわけです。

混乱にはうんざり

この構図を日本に移すと次のように描けます。日本経済は、戦後の混乱を経て朝鮮戦争の特需で立ち直ることができました。続く高度経済成長の過程で、分厚い中産階級が形成されていきました。一方で、東西冷戦という勢力均衡のもと、自民党政権がさまざまな腐敗を抱えながらも政権を維持し続けました。日本経済がピークを迎える1990年まで、国民生活は比較的安定していたと思います。しかし、冷戦構造が壊れ、バブルが崩壊し、景気が低迷。新自由主義改革とデフレ、さらにリーマン・ショックによって国民生活は不安定になりました。とどめは民主党政権の失敗です。国民はこうした混乱にうんざりして、不満はあっても他の選択肢よりもマシに思える安倍政権を消極的に支持している。

この現象は、日本において近代的な市民社会が完成していることの証なのかもしれません。内閣府が2018年8月26日に公表した「国民生活に関する世論調査」で、今の暮らしに満足している人とまあ満足している人を合計すると、73・9%にものぼり、過去最高を示しました。

これは金銭的、物質的に満たされて満足しているということではなく、現状をとりあえず受け入れているということだと思います。「欲望の王国」の中で、誰もが自分に見合ったサイズの欲望を追求している姿が見えてくるように思います。その王国が崩れるほど世の中は混乱していないし、まだ欲望を追求するだけの余裕が日本にはある、ということを物語っている面もあります。

安定してさえいればいい

改めて「安倍政権は事実上の超然内閣だ」と私が考える要素をまとめてみます。

安倍政権は、国会運営において議席数の優位から、その気になれば数の力でかなりのことができます。そんな安倍政権の強引さや政策の矛盾を国民にうまく伝え、政権交代を狙える力量のある野党もなければ、自民党内に安倍首相の求心力に対抗できる有力議員もいませんから、メディアや世論の非難は一時的なダメージにしかならないのです。小選挙区制も安倍政権に有利に作用しています。２０１７年の衆院選小選挙区での自民党の得票率は48%なのに、75%もの議席を獲得できたのです。

つまり、安倍政権は、野党や自民党との関係において摩擦係数が「ほとんど0」という状況にあると言えます。そして世論は、政治への関心が薄く、混乱を望んでいませんから、他の選択肢に比べて、安定をもたらしてくれるように思える安倍政権の継続を容認している。

これだけの条件がそろい「自分が理解したい形で世界を理解する」タイプの首相が政権を担えば、超然内閣的になってしまうのも、仕方のないことなのかもしれません。決して、受け入れることはできませんが。

そんな「一強」政権のもと、官僚たちは「一部の奉仕者」として、不祥事を繰り返しながらも、競争なき世界を享受し、新自由主義社会の中で容易に統治を進めているのが、現在の日本の状況と言えるのです。

第2章　「死んだふり」を続ける外務省
～清武英利『石つぶて』の原理

20代で2000万円貯められる

外務省の中で、いちばんいい身分でいる人とは誰でしょうか。

外務事務次官でも、外務審議官でも、欧米諸国へ駐在する大使でもありません。仕事の質・量と給料を総合的に評価すれば、40代後半で「無能」とみなされたノンキャリアだと思います。とにかくコストパフォーマンスがいいのです。たいした仕事はありません。でも、お金だけはザクザク入ってきます。不祥事を起こさなければ、クビになることもありません。プライドを捨てると割り切ってしまえば「天国」です。

お金がザクザクとはどの程度なのか、外務省の給与体系でいちばん低い一般職高卒者の場合で説明しましょう。採用後、4年くらい外務省本省に勤務して、20代前半で在外勤務になります。例えば、モスクワの日本大使館勤務ならば、本俸は年200万円台前半だと思いますが、それとは別に、在外勤務手当が年400万円から600万円。これは経費扱いですが精算しなくていいお金です。しかも税金がかかりません。それに住居手当が年600万円くらい支給されます。特筆すべきことに、外交官は買い物をしても免税されます。例えば、ビールが1缶50円ぐらいです。だから、いやでもお金が貯まるのです。一般職の外交官が20代半ばでポルシェに乗っていても不思議でありません。

比較的、勤務環境のよくないアフリカやロシア、中央アジアの大使館に4、5年勤務すれば20代でも2000万円くらいは普通に貯められます。日本に帰っても、在外勤務中に貯めたお金は所得税の例外として課税されません。ですから、30代半ばで都内のマンションを現金で買うこともできます。

間違っても誤解しないでほしいのですが、一般職が「無能とみなされるノンキャリアだ」と言っているのではありません。一般職の職員で事務処理能力に優れた人はたくさんいますし、こうした職員が外務省の実務を支えているのです。

そうした一般職や専門職（語学や特定地域、分野のエキスパート）のノンキャリアの中には、いろいろな事情でドロップアウトして、周囲から「使えないヤツだ」と思われ、あるいは職場が求める仕事の水準に達せず、本人もそれを受け入れている、そんな人には、入ってくるお金の大きさを考えれば、外務省は天国のような場所だというわけです。しかし、この人の懐に入ってくるお金の原資は、国民の税金です。本人に、その自覚はあるのでしょうか。その自覚に欠ける外務官僚も少なからずいます。

815億円をたった一人で差配

外務省は、財務省のような「経済官庁」ではありませんし、社会福祉や教育など政策が国民生活に直接影響する厚労省や文科省などとも性格が異なります。外務官僚には、上品にいえば「国民からお預かりした税金」で組織が運営されているという意識がきわめて薄いのではないかと思います。

コスパのいいノンキャリアの話をしましたが、この意識が外務省に独特の金銭感覚を植え付けている、と仮定してみましょう。

私が鈴木宗男事件に巻き込まれる少し前のことです。2001年1月1日、読売新聞が「『外交機密費』流用か　外務省幹部　口座に1億5000万円　警視庁捜査」と報じたのをきっかけに、要人外国訪問支援室長・松尾克俊氏が内閣官房報償費（機密費）など巨額の公金を私的に流用していたことが明らかになりました。

松尾さんの名前を見て、「ロジ担」「競走馬」「機密費」など、断片的な言葉の記憶がよみがえった読者もいるかもしれません。事実、松尾さんは自分の所有する競走馬に「アケミボタン」「アケミダリア」と堂々と愛人の名前をつけていました。

松尾さんの仕事は、政府首脳が外国を訪問するときのホテルや現地での車、食事から土産にいたるまでの手配、国際会議の会場準備から外国要人のもてなしまで、すべてがスムーズに運ぶよう裏方として差配することです。ロジ担（ロジスティクス担当）として非常に仕事ができる人でした。

2000年7月の九州・沖縄サミット（第26回主要国首脳会議）の裏方としても見事な働きぶりでした。日本政府首脳だけでなく、沖縄にやってくる外国要人とその家族の宿泊、パーティー、地元の人々との親善行事からサミット会場で使うパソコン、筆記用具……こまやかな気配りと入念な準備が必要です。当然、予算も815億円と巨額なものになります。「外務省の職員でさえ、『使い切れないほどの予算が付いた』と言うほどだった」と後述する著作で作家の清武英利氏は記しています。

こうした公金を松尾さんはいかに流用したか。この事件をベースにした『石つぶて』というドラマがあります（原作は『石つぶて』清武英利、講談社）。警視庁捜査二課の刑事たちが外交機密の壁に阻まれ、それまで手をつけられなかった「伏魔殿(ふくまでん)」と呼ばれる外務省の犯罪に粘り強く切り込んでゆく作品です。

ドラマでは、二課の刑事を佐藤浩市さんと江口洋介さんが演じ、松尾さんに当たる「真瀬和則(まなせ)」という人物を北村一輝さんが演じていて見応えがあります。DVD化されていますから、一度ご覧になることをお薦めします。

ドラマには、公金を勝手に使う手口がいろいろ出てきますが、領収書の偽造や業者への交渉術も含め、まじめな話、「実践的」なものばかりです。

細部もよくできていて、真瀬が、料亭で20万円以上する超高級ワインを外務省幹部に贈る場面があります。そのワインはドイツのケルン・サミットに真瀬が随行したときに現地で調達したもので、政府専用機で日本に運んだのです。この方法ならば税関検査を簡単にパスできます。「総理の用務に同行する国家公務員が違法行為をするはずがない」という前提に立っているから、検査などしないのです。

持ち込んだワインは港区にある外務省飯倉公館に保管し、真瀬の同僚がそのワインを前に「国民が聞いたら怒りますよ」と冗談めかして言うのが印象的です。つまり、政府専用機が「密輸機」になっているのです。

この作品を観て私は、よく描かれているな、と思いました。というのも、各国大使館から日本に持ち出しにくい品物、たとえば、古美術品や高級絨毯などを実際に政府専用機に積んで持ち帰る外務官僚がいるからです。実は、ここが重要なポイントで、外交官という身分に政府専用機が組み合わされると、一般国民には決してできない「密輸」ができるという意味で、ある種の「特異点」が生じるのです。しかし、外務省の内側にいると、感覚が麻痺してしまって、それに気づくことができないのです。

健康診断で嘘発見器にかけてチェック

松尾さんが扱っていたお金は、サミットのように予算化される「表のお金」だけでなく、内閣官房報償費という「表に出ないお金」もありました。むしろ日常的にはこちらのお金を扱っていたようです。一人の人間に、数十億単位のお金の扱いが委ねられていたのです。なぜでしょうか。それは組織のお金の運用を、制度にヒモづけるか、人にヒモづけるか、その違いにあると思います。

まず、お金の運用が制度にヒモづけられている場合から説明します。ある国の情報機関では、工作費は三千万円くらいならば本部の決裁を得ずに使えます。それ以外でも本部が認めれば、まさに青天井で金を使うことができます。しかし、事務所の備品などの経費については厳しいルールがあります。たとえばデスクライトが壊れたとしましょう。買い替える場合は、見積もりを三つとって、最も安い製品を買うようにします。それよりも高い製品を買いたければ、その理由を書面にして提出しなければならない。

しかし、工作費を青天井にしてしまうと、着服する人間も出てくるはずです。それを防ぐために、工作を担当する職員は銀行口座を一つしか持つことが許されません。そしてその口座は組織によって定期的にチェックされます。

また、春と秋の健康診断のときに、嘘発見器にかけられ、横領の有無について、別組織の専門家によるチェックを受けます。さらに、2、3年に一度、徹底した家宅捜索が行われ、不相応な現金や貴金属などを隠していないかを調べられます。

つまり、工作に使えるお金を青天井にすることは、国益のために必要だけれども、不正があってはならない。だから、運用ルールを定め、人に対するチェックを「これでもか」というくらい徹底するという考え方です。工作員が誰になっても、金銭的なトラブルを起こしづらいシステムです。

あいつに急所を握られているぞ

お金の運用を人にヒモづける場合はどうでしょう。これは簡単です。「あいつはいいやつだから任せても安心だ」というじつに素朴な考え方で運用されています。

松尾さんのケースがこれに当たります。「こいつはよく気が利く」という理由で外務省幹部は、松尾さん一人の判断で巨額の内閣官房報償費を自由に引き出せるようにしてしまったのです。お金の出どころが内閣官房ですから、使いみちに外務省のチェックは入りません。愛人にも、競走馬にも、マンションにも、高級ワインにも、思う存分お金をつぎ込めるはずです。その一方で、他の外務官僚が機密費を使う場合には、わずか何百円でも松尾さんに証拠書類をつけて精算しなければならなかったのです。

特定の人にお金がヒモづいてしまうと公平性が損なわれ、しかも機動的なお金の使い方ができなくなってしまいます。「いいやつだ」と信用していた人間が「悪いやつだ」

という評価に変わるのは、そんなに難しいことではありません。松尾さんの事件は、組織のお金が人にヒモづいた場合に起きる最悪のケーススタディーだったと思います。

外務省で、特定の人にヒモづいたお金の運用が許されていたのは、もう一段深い理由があります。「あいつは気が利くから」というのは、ロジ担として優秀という意味だけではないと思います。私は、鈴木宗男さんと松尾さんとの関係でちょっとした「事件」に巻き込まれたことがあります。

1999年2月、ヨルダン国王が亡くなり、小渕恵三首相の弔問のため政府専用機の準備が命じられました。鈴木さんはこの機会にヨルダンのアンマンで小渕首相とロシアのエリツィン大統領との会談を計画し、調整をしていたのです。

政府専用機は新千歳国際空港に駐機していたのですが、松尾さんは独断で専用機の羽田への飛行を止め、6時間出発が遅れました。そのために日ロ首脳会談は実現できず、国益を損ねた、と激怒した鈴木さんは外務省に松尾さんを異動させるべきだと強く申し入れたのです。

数日後、私は丹波實外務審議官（当時）から呼び出しを受けました。その場で、「ノンキャリアの人事にまで口を出さないでほしい」と鈴木さんに伝えるよう指示されました。私は何のことか分からず具体的な説明を求めました。すると丹波さんは「松尾さんは実によくやっているのに、ああいう仕打ちはない」と言うのです。

丹波氏の言葉を、そのまま鈴木さんに伝えると「佐藤さん、丹波は松尾に急所を握られているぞ。何かとんでもないことで世話になっている」と言うのです。

鈴木さんは当時、内閣官房副長官でした。松尾さんは支援室長のほかに内閣事務官も兼務していました。同じ内閣官房内のことですから、鈴木さんは松尾さんの人事についても物をいっても問題のない立場です。丹波氏もそれが分かっているはずなのに、わざわざノンキャリアの人事に口を出すな、と言うのは、裏に何かあるからに違いない。鈴木さんはそう睨(にら)んだわけです。

清武氏の『石つぶて』を読むと、約10億円の内閣官房報償費が松尾さんに流れていることがわかります。そのうち使途が解明できたのは約5億円です。残りの5億円はどこへ流れたのか。「あいつは気が利くから」のもう一つの意味がここにあると思います。キャリアはこの種のお金に直接触りません。でも、蓄財はしたいのです。「汚れ役」を引き受けて、お金を自分のところに回してくれる係が必要なのです。

「下は上を守る」のが外務省の掟

外務官僚の中には、ある程度の幹部になると「あいつは気が利くから」という理由で、若い職員を会計係として在外勤務に連れて行くことがあります。その関係ではノンキャリアがキャリアに下僕のようにお仕えするという構図は成り立ちません。なぜならば、両者は運命共同体だからです。もし、ノンキャリアにひどい仕打ちでもして洗いざらいしゃべられたら、キャリアもそこで出世の道が絶たれてしまうのです。

たぶん、松尾さんは自分に関係するお金の流れ以外はしゃべらなかったと思います。警視庁上層部と外務省幹部との間で、松尾さん以外には手を出さないという取引はなされていたわけではない。何かあれば、「下は上を守る」というのが外務省の掟です。松尾さんはその掟を守った。これは外務官僚独特の文化だと思います。

そして、上は裏切らなかった下の面倒をみる。松尾さんは、すでに7年6カ月の刑期を終えて社会復帰しているはずですが、外務省ＯＢの誰かが口止めの意味を込め、間接的に暮らしの支援をしていると私は見ています。

私の推測が正しいとして、支援のお金はどこから捻出するのでしょうか。外務省予算からは支出できないにしても、業者に付け回すことは難しくありません。いずれにせよ、外務省では外交機密を盾に、いろいろと怪しげなお金が動いています。それが国益のために使われるのであれば問題はないと思います。

私も外務省報道課の職員から、「佐藤さんは目に見えないところで仕事にお金を使っているだろうから、大変だろうと松尾さんが言っていた」との伝言つきで60万円を渡されたことがあります。実際、情報収集に自腹を切っていたので、このお金は、ロシア要人との関係維持にありがたく使わせてもらいました。

外務官僚は、こうしたお金が外交官という自分の身分についてくるものだと勘違いしがちです。国民から「収奪」した税金が原資になっているとは考えられないのです。

『今だから言おう』に書かれたこと

どうやら、外務官僚の「蓄財体質」は一部の人に、昔から受け継がれているようです。

次の文章を読んでみてください。

〈なかには、総領事館に働く現地使用人の給料をピンはねして裏金を作ったり、個人の飲食に使ったりしていた総領事とか、大使公邸備え付けのまだ充分使える高級ピアノを、故障で修理も使用も不可能だから廃棄処分にすると本省へ報告し、私物化してどこかへ運び去った大使とか（中略）このようなことは、在外公館の予算をどう使うかの決定権を握る大公使や総領事でも、ひとりではできない。これを助ける部下が必要である〉

これは『今だから言おう』（講談社）というエッセイの一節です。著者は元外務官僚でミステリー作家の高柳芳夫さんです。高柳さんは1931年生まれで、京都大学でドイツ語を学び、ドイツに行きたくて専門職として外務省に入省したノンキャリアでした。当時は東西ドイツに分裂していて、西ドイツの首都ボンの日本大使館やベルリン総領事館に勤務していました。このエッセイ集『今だから言おう』には、日本とヨーロッパの生活習慣の違いや池田勇人首相の意外な一面、大使夫人の愛犬が死んで、犬の弔問に行かされた話、大使館勤務が長いノンキャリアの老事務官から聞いた「貴重な」エピソードなどが書かれていて、1960年代のドイツや在外日本公館の雰囲気が伝わってくる一冊です。

高柳さんのミステリーに、さきの老事務官の悲哀や怒りをうまくモチーフに取り入れた『影を裁く日』(講談社)があります。東京サミットの打ち上げが行われたニューオータニをモデルにしたホテルの庭で、外務省の欧州局長が殺されているのが見つかりました。やがて捜査線上に、もうすぐ定年を迎える老事務官が浮かんできました。上司から言われたことは何でも聞くというタイプで、高官夫人が便器の中に落としたイヤリングも手で拾う、プライドも何もない男と見られていました。そんな老事務官がなぜ容疑者として上がったのか?

ストーリーは、高卒で外務省に入った若い事務官の目を借りて進みます。あるとき彼は、老事務官の「一寸の虫にも五分の魂」という呟き(つぶや)きを耳にします。

『今だから言おう』と合わせて読むと、その中のいくつかのエピソードを脚色してちりばめてあることがわかります。それだけにリアリティーあふれる展開で、大使館内でのキャリア同士のかばいあいや、自己保身……たぶんキャリア職員を殺してやりたいと思うような出来事も本当にあったのだろうと感じました。

高柳さんは面白い人で、外務省在職中に小説を発表したために閑職に回されました。本人は著書にはっきり左遷だと書いています。左遷先は東京・大塚にあった外務省研修所（現在は神奈川県相模原市に移転）でした。そこで研修指導官になりましたが、仕事もたいしてありません。そこで、ミステリーでは二流といわれる「機械的密室」の研究に明け暮れるようになりました。分かりやすく言えば、糸を使って部屋の鍵を外側から掛けるとか、氷が溶けるのを利用して鍵を掛けて密室を作るといった類です。人間の恐怖心、思い込みを利用した「心理的密室」が主流の時代に、錠前を分解したりして真剣にトリックを研究していたそうです。

1977年に外務省を退官し、作家になりました。『プラハからの道化師たち』（講談社）で江戸川乱歩賞を受賞しました。その頃から、外務省のあり方を批判した文章を雑誌などに発表し始めました。すると外務省から、それなりのポストを用意するから戻ってこないかという勧誘電話がかかってきたそうです。囲い込んで黙らせようとしたのでしょう。

「佐藤が早く辞めてくれればいいんですけどね」

これに近い体験を私もしたことがあります。『国家の罠』（2005年、新潮社）を上梓した後、私は、さまざまな新聞・雑誌に外務省批判を寄稿しました。すると、私の原稿を掲載した編集部に、外務省の広報担当者から電話がかかってくるのです。「佐藤優さんが貴誌に書かれた内容につきまして外務省の立場をご説明させていただきたい」という感じだったといいます。応対したのが編集長クラスなら「近く一杯やりながら」という誘いがあったそうです。また、編集者が同情するふりをして広報担当者にカマをかけると「佐藤が早く（外務省を）辞めてくれれば一番いいんですけどね」と本音を漏らすこともあったそうです。当時、ふざけたことを言うな！　と憤りを覚えたものです。

自分たちに批判的で、自分たちが圧力をかけても効き目がない相手に対しては懐柔作戦に出てくる。昔も今も変わらないようです。

高柳さんの『今だから言おう』を読んでいると、今の外交はだめになった、外務省は失敗ばかりだ、と嘆いている文章が出てきます。明白な外交上の失態だけでなく、〈日欧貿易摩擦をはじめ外国との外交交渉における対応の悪さ、国際情勢に対する判断の誤り、情報収集能力の弱さなど〉を指摘しています。

ただ、最近は「ダメ」の質が変わってきたと思っています。あえて狙ったとしてもここまで下手な外交はできないのではないか、と。現在の外交のダメさ加減を確かめるには、過去の失敗をみなければなりません。

最近の北東アジア情勢の方向を決めたのは、2018年6月に行われた米朝首脳会談です。この会談が実現するまでのプロセスに、日本政府は一度も当事者として関われなかったと思います。当時の日本政府や外務省の外交（以下、日本政府の外交）をみていたら、次のようなテーゼが浮かびました。

悪魔は完全に善を知っている——中世神学の悪魔に関するテーゼです。

悪魔は善の何たるかを知っているから、その反対物である悪を常に選択することができる。だからこそ、悪魔は人間を堕落させることができるというわけです。

政府は外交における正解を知っていて、わざと外して、国民に不利益をもたらそうとさえしているのではないか。そう思ってしまうくらい拙劣な外交だったのです。

北朝鮮の核開発について、私は「脅威」は意思と能力によって形成されるという見方をしています。北朝鮮は核実験とミサイル発射実験を繰り返し、事実上、核攻撃の「能力」を持ちました。その脅威から逃れようとするならば、そのもう一つの構成要素「意思」を削減する以外に手段はありません。

すなわち時代は、制裁と圧力から、対話と妥協に転換しつつあるのです。すでに核攻撃の「能力」を持った国に対して制裁と圧力を強くすれば、攻撃の「意思」が強くなり、「脅威」が高まるからです。ところが日本政府はこうした転換期に決定的な外交敗北にまみれてしまったのです。

日本外交二つの敗北

ミクロのレベルで言えば、平昌（ピョンチャン）オリンピックが重要な転換点になりました。

北朝鮮は金正恩（キムジョンウン）の妹・金与正（キムヨジョン）を韓国に送り込み、マイク・ペンス米副大統領に会いたいと言いました。しかし、北朝鮮は最初からペンスに会うつもりはなかったのです。なぜならば、金正恩の妹という金王朝の中心人物が具体的な外交交渉に関与して失敗することは許されないからです。北朝鮮があの局面で見極めようとしたのは、アメリカ側に北朝鮮と接触する意思があるかどうかだったのです。ペンス副大統領が会ってもいいと述べたことで、アメリカ側に対話の意思があることが確認できました。北朝鮮にしてみればそれで目的は十分に達成されたことになります。それだから会談の2時間前にドタキャンしたのです。

なおかつその流れを利用して、南北首脳会談の約束を取りつけることもできました。金与正訪韓の答礼として、韓国大統領府の鄭義溶（チョンウィヨン）国家安保室長が訪朝し、金正恩と会談しました。さらにその会談の報告をアメリカにするという形で訪米し、米朝首脳会談の実現が非常に濃厚になりました。こうした一連の電撃的な動きに、日本政府はついていけなかったのです。

この転換点における日本の外交敗北は二つありました。

第一の敗北は、韓国の文在寅（ムンジェイン）政権の性格に関する分析の失敗です。文在寅政権は反米政権だから、トランプ大統領との直接のチャネルは作れないだろう。したがって、南北首脳会談を行おうとしてもアメリカはそれを阻止する方向で動くはずだ。韓国の独り相撲で終わる公算が強いという見通しを立てていました。これが見事に外れてしまったのです。第二の敗北は、安倍・トランプ関係の過大評価です。裏返せば、日本政府はトランプという人物を全くわかっていないということです。安倍・トランプという日米首脳間の信頼度は極めて高い。それだから両国は同盟国として特別な関係なのだと信じていたのです。

しかし、トランプ大統領はそう考えていませんでした。それが如実に現れたのが、日本のアメリカ向け鉄鋼・アルミに対する輸入関税導入です。この措置は、薄い鋼板を作れないアメリカにとってはプラスにはならないのです。米国の自動車産業にとっては大きな打撃になるわけですから。関税導入は合理性がないうえに、安倍・トランプ関係を考えれば、日本は適用除外になるだろうと一方的な観測を持っていましたが、見事に裏切られました。

2018年6月7日の日米首脳会談では、トランプ大統領が日本の通商政策について

「真珠湾を忘れていない」と発言したとワシントン・ポストが伝えました。また、9月にはウォール・ストリート・ジャーナルが、対日貿易赤字について安倍首相との友好関係が終わるというトランプ大統領の発言を報じています。日本政府は言われ放題です。

ジャパン・パッシングの流れ

再び、北朝鮮情勢に関しても安倍・トランプ関係の評価が裏目に出ました。

北朝鮮との対話を重視していたティラーソン国務長官の解任で、日本政府は少し安心したはずです。アメリカは、会談内容については何も詰めていないことが見えたからです。安倍・トランプ会談で、北朝鮮に関して日本にアドバイスを求めてくるだろうと。その動きを読んでいたのが、金正恩でした。だから金正恩は中国を訪問して、習近平と会談したのです。習近平は金正恩と北朝鮮に関して最新情報を持つ人物ということになりました。当然トランプ大統領は、習近平に相談しながら、米朝首脳会談の内容を詰めていくことになるわけです。金正恩は中国を訪問することによって日本外しに動いたのです。さらに、北朝鮮はロシアとの接触を図っていることが伝えられていました。北朝鮮を中心とする北東アジア情勢に関して、完全にジャパン・パッシング（外し）の流れができたのです。

18年6月12日、シンガポールで行われた米朝首脳会談では、当初期待された「完全かつ検証可能で不可逆的な非核化」での合意には達しませんでした。それでもトランプ大統領は大陸間弾道ミサイルの凍結と追加的な核兵器開発をしないということで北朝鮮と手打ちができたと思います。少なくともアメリカに対する北朝鮮の脅威のうちの「意思」を削ぐことは、いまのところ達成できていると思います。しかし、日本の全域は、北朝鮮の核弾頭付きの中距離弾道ミサイルの射程圏内に入ったままです。つまり日本に対する脅威の「能力」も「意思」も維持されているのです。

日本政府はバスに乗り遅れるなと慌てふためき、米朝首脳会談前に、朝日新聞によれば三つのルートを使って、北朝鮮との接触を試み、日朝首脳会談の実現を模索していたようです。重要課題である拉致問題は置き去りにされ、ただ焦っているだけだと私には見えました。

ポスト米朝首脳会談における北東アジア情勢の中で、日本としてどう振る舞えばいいのでしょうか。普通ならば、今まで一度も行われたことのない、6者協議参加国の首脳会談を東京で開催することを提案して、これからのイニシアチブを取ろうとするのが外交の定石です。それをしようとしないのは、外務省の不作為です。外務官僚が首脳会談の東京開催を思いつかないはずがありません。

外務省は「死んだふり」

分かっていてなぜ行おうとしないのでしょうか。それは相変わらず森友・加計学園問題の余波が政治の足を引っ張っているからです。

森友問題で財務省理財局長として国会答弁に立った佐川宣寿・前国税庁長官は、安倍政権に弓を引いたわけではありません。森友学園との土地取引に関する国会答弁や文書改ざんは、安倍政権に対する忖度だと捉えるのが妥当です。佐川さんは証人喚問でも安倍さんをかばい通したのです。もちろん保身もあったでしょう。

しかし、自民党から褒められるどころか、結果的に、国税庁長官を辞任するという形で詰め腹を切らされました。後任の太田充理財局長（当時）も、与党から、かつての民主党の手先とか「バカ者」呼ばわりされ、まるで財務省が政権の足を引っ張っているかのような言われようです。野党は野党で、財務省に対し、憲法上根拠のない6党合同ヒアリングを行いました。テレビカメラが映した様子は、まるで吊し上げでした。こんな状況では官僚として仕事をしても何もいいことはありません。

外務省が東京において6者協議参加国による首脳会談開催を提案しても、それが実現しなかった場合、与党から力量不足として激しく叱責されることは目に見えています。仮に実現に向けて動いても、左派からは政権のパフォーマンスのために外務省は何をしているのかと批判され、右派からは拉致問題を疎かにして、何が6者協議だと攻撃されることも目に浮かびます。今、積極的に動いてもいいことは何もない。それならば布団をかぶって寝ていよう。今の外務省がまさにそんな状態なのです。相撲で言えば「休場」です。取組表に「や」の字が並んでいる状態です。休場すると勝つことはありませんが、負けることもありません。こういう空気が外務省内に蔓延(まんえん)しているように思えます。

今の外務省は休場というより、「死んだふり」という方が似合っています。それも外務省の文化の一部なのかもしれません。

第3章

官僚たちのローカル・ルール
～城山三郎『官僚たちの夏』という神話

「坂の上の雲」を目指していたころ

昭和30年代（1955年以降）は、今の日本人の目には特別な時代に映っているようです。敗戦の痛手から立ち直った日本経済は成長軌道にのり、司馬遼太郎さんの言葉を借りるならば、再び「坂の上の雲」を目指して坂道を駆け上がっていたような時代です。

2005年に公開されヒットした映画「ALWAYS 三丁目の夕日」は、昭和33（1958）年、東京の下町が舞台の人情話です。視覚効果技術（VFX）を使って再現された建設途中の東京タワーは、明日に向かって伸びる日本を表しているようでもあり、経済成長によって得る豊かさと引き換えに失う豊かさがあることも予感させました。この映画の原作は、西岸良平さんの連載漫画『三丁目の夕日』です。連載開始は1974年ですから、前年には第一次オイルショックが起きたころです。高度経済成長が終わった翌年から描き始められているのです。

昭和30年代は、「あの頃は良かった」「明日に希望が持てた」などと、さまざまな形で語られています。貧乏だったけれど、あたたかい家族、近所同士の助け合い、年を追うごとにどんどん増えていく給料。物価も上がり、高度経済成長末期、すでに昭和40年代に入っていましたが「物価が上がれば、佐藤（佐藤栄作首相）は（支持率が）下がる」などと言われていたものです。

低迷する日本経済、何事も自己責任とされる私たちには、あの時代が経済的繁栄と人情が絶妙なバランスで共存していた、理想的な時代に思えるのかもしれません。

『官僚たちの夏』という神話

そんな高度経済成長を引っ張った通産省（現・経済産業省）のエリート官僚の物語があります。経済小説の第一人者だった城山三郎さんの『官僚たちの夏』（新潮文庫、単行本は1975年）です。

1996年にNHKが、2009年にTBSがテレビドラマ化しています。主演はそれぞれ中村敦夫さんと佐藤浩市さんです。『官僚たちの夏』は、経済エンタテイメントとして楽しめる作品だと思います。しかし、一方で、高度経済成長期の成功体験から「日本の官僚は優秀なのだから、日本の舵取りは官僚に任せておけば間違いない」という「官僚神話」の定着に一役買った部分もあると思います。

官僚は「国家」の側にいて、「社会」の側にいる人々とは別の階級にいます。ですから、不祥事を起こしたときに「悪い役人」として姿が見えるくらいで、その実像はなかなか摑みにくいかもしれません。多くのキャリア官僚が高度な専門知識を身につけ、実務能力に長けていることには違いありません。その中に「一風変わった趣味嗜好」の持ち主もいるだけの話で、「官僚神話」が揺らぐことはない。一度定着した「官僚神話」はなかなか壊れない、というのが私の実感です。

以下、『官僚たちの夏』を題材に、その神話作用の脱構築を試みたいと思います。

この作品は実在の通産官僚をモデルに書かれました。岸信介政権末期を起点に池田勇人政権から佐藤栄作政権へと続く時代になります。高度経済成長が加速し始めるころが物語の始まりです。

ようやく力をつけはじめた日本企業を国際競争という大海原に船出させるべきかどうか議論は大きく割れていました。政治家の思惑、通産官僚たちの通商・産業行政をめぐる対立、それに伴う人事が絡んで物語は展開していきます。岸内閣で通産大臣を務めた池田勇人に擬せられた池内信人をはじめ、歴代の通産大臣を相手に、自分たちが練り上げた政策を実現させようと奮闘する通産官僚たちが描かれています。

主人公は、後に「ミスター・通産省」と呼ばれるようになる、風越（かざこし）信吾です。風越の描写から物語は幕を開けます。

〈風越信吾は、悠然と大臣室から出てきた。
もともと怒り肩の肩をつり上げ、両手を開きかげんに振って、外股で歩く。
堂々として、大臣室の主のようであった。だが、風越は大臣ではない。次官でもなく、局長でもない。風越の身分は、大臣官房秘書課長。省内最右翼の課長とはいえ、一課長に過ぎない〉

ずいぶん傲慢な印象を与える人物です。

〈男はいつでも、仕事に全力を出して生きるべきなんだ〉とはっきり口に出し〈地球は通産省を中心に回転していると考えている男、といってもよい〉と描写されています。

風越は、政治家にとって〈おれたちは、国家に雇われている。大臣に雇われているわけじゃないんだ〉と、若手官僚に吹聴している〈一筋ナワでは行かぬ相手であった〉のです。そんな風越の大きな関心事が、人事でした。

〈おれは人間に興味がある。人間がおもしろくてたまらないんだな〉とうそぶく風越は、省内の主だった役職者の名前が記入されたカードを大事に持っています。折りに触れ、彼は頭に組織図を描きながら適任と思われる人物のカードを、机の上に並べていくのです。風越の人事好きは省内でも有名で、通産省担当の記者たちにも知られていました。

風越が早くから目をつけているのが、庭野でした。あだ名は〈木炭車〉。火が着くのは遅いけれども、いったん燃えはじめたら粘り強く、いつまでも仕事を続けるタイプです。池内通産大臣の秘書官に任命され、池内から〈秘書官は、無定量・無際限に働くものなんだ〉と言われ面食らいます。ところが庭野は池内の酒の相手をして話をするうちに〈この大臣、案外、わるくないぞ〉と感じ、「無定量・無際限」に働くようになっていきました。そんな庭野に風越は自分に似たものを感じ、大きな期待をかけていきます。

「官僚指導経済」という夢

物語は、風越が省内で順調に昇進を重ね、重工業局長に就任した頃から動き始めます。池内通産大臣は元来、自由主義経済論者であり、規制や保護はできるだけ撤廃し、日本企業も国際経済の荒波にもまれ、伸びるべき企業が伸びればいいという、優勝劣敗的な考えの持ち主でした。アメリカをはじめとする先進資本主義国からの自由化圧力も強まる一方でした。

風越をはじめとする通産省幹部の多くは、時期尚早を理由に自由化に反対します。いずれ自由化に踏み切る時が来るだろうが、いま自由化を進めると外国資本に日本企業は食い荒らされてしまう。国際競争に耐えられるだけの基礎体力を養わせてから自由化に対応するべきだという考えです。

それでも池内は通産省幹部の反対を押し切って、原綿原毛に限って自由化を決断します。池内はその後も一部農産物の自由化を進めましたが、それは、政敵の資金源を断つ目的もあったのです。風越はそんな状況に悲観することなく、〈法律の裏づけを持つ一つの大きな新しい官僚指導体系の網〉を企業にかぶせてその体質強化を図るという〈官僚指導経済〉という夢を抱き、その実現に動き始めました。

池内は、所属する保守党総裁選に勝ち、総理になりました。風越は次官の椅子が約束された企業局長に転任し、目をかけていた庭野を要職に就け、新法「指定産業振興法」制定に向けて邁進します。いつしか彼らは風越師団と呼ばれるようになりました。〈法案の内容は、名称とは違って絢爛（けんらん）、そして、まさに大仕掛け。産業構造全体というか、経済体制そのものを包みこみ、変革しようとしている〉ものでした。

それは風越たち通産官僚側からの見え方であり、産業界側にとってはむしろ戦時中の統制経済の時代がよみがえるようで、自分たちの利益にならない、むしろ余計なお世話ともいえるものでした。業界の意向を反映していない〈スポンサーなしの法案〉ですから、政治家にとっても旨味がありません。成立させるには、政財界への周到な根回しと細心の注意が必要だったのですが……。大臣を大臣とも思わず、銀行業界を代表する大物頭取に対しても無礼な振る舞いをしてきた風越です。周りは敵だらけでした。それでも風越師団の面々は、政治家に陳情、ご進講を重ね、経済団体、金融業界の幹部に根回しをして、指定産業振興法案は政府提出法案として国会に上程されましたが、審議未了で廃案になりました。

風越の腹心・庭野は大臣時代に秘書官として仕えた池内首相に陳情に行ったときに〈わかった〉と返事をもらいました。その言葉を思い出し、池内に裏切られた気がしたというより、その言葉に希望をつないだ自分の甘さを呪いました。城山さんは、庭野の述懐に続け、政治家の「わかった」のさまざまな使い分けを紹介し、結びにこう書いています。

〈「わかった」とは、いちばん油断のならない返事であった〉

余談になりますが、15世紀、ローマ教皇が3人いた時期がありました。この異常事態を収束させるための会議が開かれました。教皇鼎立とその堕落を激しく批判していたボヘミアの神学者ヤン・フスは身の安全を保証するという約束をとりつけて会議に参加しましたが、捕らえられてしまいます。抗議するフスに対する教皇側の論法が「約束はしたが、約束を守るとは言っていない」というものでした。フスは結局、焚刑に処されます。風越は命までは取られなかったものの、我が子同然の法案は、政治家の狡猾さによって息の根を止められました。いつの時代も似たようなことは起きるものです。

冬の夜、すでに退官した風越がまだ灯りの点っている通産省の建物をタクシーの車窓から眺める場面で、この物語は幕を閉じます。

批判のない城山作品

この作品が「週刊朝日」に連載され始めたのが1969年、高度経済成長の爛熟期です。昭和30年代的な価値が見直されている昨今、「思い込んだら試練の道」を行く風越や「無定量・無際限」に働く庭野のような「昭和の男」という人物造形は一定の説得力があるのかもしれません。

書店の文庫棚にいけば、城山さんの主だった作品が並んでいて『官僚たちの夏』も簡単に入手できます。文庫の充実ぶりから、城山作品はビジネスパーソンを中心に広く受け入れられていることがうかがえます。

興味深いことに、司馬遼太郎さんの歴史観は「司馬史観」などと批判されることもありますが、「城山史観」とでも言うものに対する明確な批判を私は見聞きしたことがありません。

城山さんの著作を読むと、戦前戦中の軍人、軍官僚、あるいは政治家、革新官僚と呼ばれた人々が主役や脇役となって登場します。たとえば『指揮官たちの特攻』（新潮文庫）で、神風特攻隊第一号に選ばれた関行男大尉がそうです。関大尉は海軍のエースパイロットでした。城山さんは、彼に〈この俺を死なせるのか〉とつぶやかせます。

この言葉には、生きてゼロ戦に乗り続ければ戦果を挙げることができるのに、後に続く組織的特攻を成功させるためにも、まずエースパイロットを特攻させようとする軍上層部の無為無策、あるいは海軍軍令部の組織としての無能さへの怒りが込められているように思います。

城山さんの筆致は比較的、登場人物に寄り添ったもので、心情の汲み取り方が巧みです。読み手は感情移入しやすいのが特徴だと思います。あわせて適度な起伏のついたドラマに引き込まれるため、登場人物が生きた時代の組織が抱えていた構造的な歪みを読み取りづらいのです。戦後を舞台にした経済小説も基本的な筆致は同じなので、やはり組織が持つ構造的な病理が見えにくくなっていると思います。

『官僚たちの夏』を読んでいると、主人公の風越につい思い入れをもってしまう読者が多いのでしょう。己の信念を曲げずに突き進み、組織や政治の壁に跳ね返され敗れた人物がいたと描かれることで、読む側が「風越すごい」「庭野さんかわいそう」と、一種の英雄に祭り上げたくなるように思うのです。

しかも、強力な俳優陣でドラマ化されているのだから、「官僚神話」が再生産されてしまうのも仕方のないことなのかもしれません。

政治家に共通する口癖

では、『官僚たちの夏』の物語からは何を読み取ればいいのでしょうか。ポイントは二つあります。一つは「ローカル・ルール」の存在です。指定産業振興法案が廃案になった後、庭野が自分の甘さを呪った、政治家の〈わかった〉がそれです。

城山さんは、政治家に共通する口癖が〈よし、わかった〉という〈油断のならない返事〉だと書き、ニュアンスの違いで分類しています。少し長くなりますが、紹介します。

〈一見、肯定的な返事である。〈了解〉という意味にとれば、その実行を約束してくれることになる。事実、実現に努力してくれる「わかった」もある。だが、同じ「わかった」でも、〈趣旨はわかった〉とか、〈気持はわかった〉というニュアンスのことも多い。この場合は、もっともな話だと、ききおく程度で、実行に結びつかない。さらに、せっかくの官僚たちの提案や進言を真向から否定したのでは、角が立つので、その点、反対なのだが、「わかった」といって、きき流しておく〉

私の外交官時代の経験ですが、森喜朗総理に説明に行く機会が何度かありました。その案件に関心がないときは、それこそ「聞きおく程度」か「聞き流しておく」の「わかった」でした。ところが、同じ案件でも、何かのきっかけで関心を持つと、耳の傾け方が変わるのです。話を聞いてからの理解の早さに驚いたことを覚えています。「了解」という意味の「わかった」です。政治家の集中力はすごいものだと、その当時思ったものです。これは政治家のローカル・ルールです。言葉の裏の裏を読みあい、腹の探りあいをしなければ、真のメッセージは読み取れないのです。

『官僚たちの夏』の中で、池内の後に首相になった須藤恵作（佐藤栄作がモデル）から、風越は思わぬ言葉をかけられます。通産事務次官になった風越が記者会見で不況対策として公債発行を主張しました。国会で須藤は、風越に当てつけるように公債発行を否定しました。その答弁を受けて、風越が須藤を批判した新聞記事が出た後のことです。


〈「公債発行はなあ、風越君、国会の解散といっしょだよ」

「はあ？」

風越がけげんな顔で居ると、須藤は背を反らせて歩き出しながら、

「つまり、やらんやらんといいながら、やるものなんだよ」〉

須藤は笑いながら風越から離れていきました。

これも政治家のローカル・ルールです。

最初は呆気にとられていた風越ですが、次第に腹が立ってきます。解散と国策は別だ。〈本心とか、本音とかを、なぜそれほどまでに隠さねばならないのか〉。風越には、姑息な人間が、一国の宰相であっては許せない、との思いにとらわれました。

しかし、この「腹芸」は同じ党内で権力闘争を繰り返してきた保守党（自民党がモデル）の文化に根ざしたもので簡単には変わらないのです。風越がいくら首相のあり方を許せない、と言っても変わりませんし、指定産業振興法案も含め、正々堂々とした政策論議をしようと言っても変わりません。なぜならば、行政のトップは須藤総理であり、風越はその部下に過ぎないのです。総理の側にローカル・ルールがあるのなら、そのルールに沿って事を運ぶのが、いくら理不尽であっても、筋です。

ところが、風越は〈大臣ではなく国家に雇われている〉という自負心があまりに強く、その自負心に沿う形で自身の職業倫理や仕事の方法論を作り上げていたのです。昇進するに従い、その個人のルールを組織に適用していったわけです。5年間パリに駐在し、風越から課長として呼び戻された官僚がまず感じたのは、本省内に「風越を中心とするかなり濃密な人間関係ができ上がっている」ということでした。これこそローカル・ルールができあがっていて、その中にいる人間はそれに気づけないということを教えてくれます。

組織内で指導的立場にあるキャリア官僚に従って部下が仕事を重ねるうちに、ローカル・ルールとして共有されていきます。それを仲間内や課内、局内限りの掟程度のものとして当事者たちが自覚していれば、それでもいいと思います。ところが、第1章で見たように、官僚の世界はキャリア、ノンキャリアの関係なく身分が保証されていて、小さな競争はあっても、そのルールに自分を埋没させておけば居心地が良いものです。「社会」との接点は少なく、その世界がすべてだと錯覚しがちです。

自分たちのローカル・ルールを、グローバル・ルールとはいかないまでも、ナショナル・ルールと勘違いしてしまうことがあるのです。そのルールを、自分たちよりも権力を持ち、別のルールで動く政治家に適用し、政策を実現させようとするのは、そもそもできない相談です。風越の悲劇はそこにあったのだと思います。風越は、高度経済成長期、己の信念を貫こうと分厚い壁に立ち向かったノスタルジック・ヒーローではなく、いつの時代にも共通した「官僚が起こす失敗」の一つの典型と見た方がよいのだと思います。

「処分」に現れた傲慢

ローカル・ルールは思わぬところで顔を出してきます。

2018年8月、インドネシア・ジャカルタで開催されたアジア大会期間中、バスケットボール男子日本代表の4選手による買春が発覚。日本オリンピック委員会（JOC）は4選手の日本代表認定を取り消し、帰国処分としました。

この件の最大の問題は何でしょうか。朝日新聞は〈バスケ代表の4人、帰国処分に公式着で女性とホテル〉との見出しで報じました（朝日新聞デジタル、8月20日）。見出しは記事の要点や問題点を端的に伝えるのが役割です。それを念頭に記事を読むと、公式ウェアを着ていなければ問題にならなかった、と解釈することもできます。

最初にはっきりさせておきたいのは、ジャカルタ特別州では、買春は犯罪だということです。4選手は刑事事件の容疑者なのです。しかし、JOCはすぐに4人を日本に帰しました。普通ならば、4人に自首をすすめ、弁護士を紹介し、現地の司直の判断を仰ぐはずです。

逆の場合を考えてみましょう。来日した外国のナショナルチームの選手が犯罪を起こした。チームの幹部がそれを知り、本国に帰らせ、帰国後すぐに犯罪事実を認める会見を開いたとしたら、日本人はどう感じるでしょうか。自国の主権が踏みにじられたと怒るのではないでしょうか。つまり、4選手を帰国させるというＪＯＣの判断はインドネシアの主権を完全に無視した話なのです。傲慢極まりない。沖縄で犯罪を起こした米兵が、日米地位協定によって保護されていることを利用してアメリカに帰国したら刑事責任を追及されないことと変わらないと思います。

前途ある選手を潰すべきではないという論調もありますが、彼らは、女性を性欲のはけ口、つまり、「もの」として見ていたわけです。人間としての基本が問われるわけで、その行為はまずインドネシアの法に基づいて裁かれるべきです。その上で、バスケットボール選手としての今後が議論されるのが筋だと思います。若いから仕方ない、で許される話ではありません。

ジャカルタには日本大使館が置かれています。この事件を大使館員、つまり外務官僚は当然、察知していたはずです。インドネシアとの関係を考えるのならば、JOCに対し、4選手の出国を止め、インドネシアの司法当局へ出頭させるよう勧告するべきでした。

とくに、インドネシアは第二次世界大戦中の1942年に日本軍が占領し、終戦まで軍政を敷いていた国です。慰安所も経営されていて、「アジア女性基金」の資料（「デジタル記念館　慰安婦問題とアジア女性基金」）によれば、インドネシアには40カ所弱の慰安所が設けられ、ジャカルタ（当時はバタヴィア）には1942年8月の時点で少なくとも6カ所の慰安所があったことがわかっています。

こうした歴史的文脈を踏まえた上で、日本総領事館として事件に対応すべきだったのです。面倒くさいから反応しなかったのか。あるいは問題の所在に気づかなかったのか。官僚の不作為が問われるケースです。

前者であるならば、まだましです。少なくとも問題だと認識していることになりますから。しかし、後者だとすれば、インドネシアを担当する外交官としては不適格だと言わざるを得ません。いずれにせよ、このケースにおける官僚の不作為は次のように推測できます。かつてインドネシアを支配していたという日本の帝国主義的発想が無意識に働いていたのではないか、と。

インドネシアは17世紀以降、オランダの植民地でした。のちにインドネシアの初代大統領となるスカルノは、1927年、インドネシア国民党を結成し、民族運動を展開しましたが、オランダの植民地当局によって逮捕・投獄されました。

1942年、インドネシアを占領した日本軍はスカルノを釈放しました。スカルノは日本軍の統治に協力することで独立を目指すことになります。44年、敗色が濃厚になった日本は、形式的な独立をインドネシアに認めようとし、スカルノらはその準備に着手しました。翌45年8月15日、日本の敗戦によって独立は幻に終わりましたが、8月17日、スカルノは一方的に独立を宣言し、初代大統領に就任しました。独立を認めようとしないオランダとの戦争を経て、49年にインドネシア独立が承認されたのです。

一方、第二次世界大戦に敗北した日本は、51年、サンフランシスコ平和条約に調印、国際社会に復帰します。条約に則って、日本は関係各国と賠償協定の締結に動き始めました。インドネシアとの賠償協定は58年に発効しました。岸信介内閣の時代です。

少し時間を巻き戻します。

岸は、農商務省（後、商工省）の官僚出身です。１９３６年、経済官僚として満州国に渡り、満州産業開発五カ年計画に基づいた満州国経営にあたりました。１９４１年、東条英機内閣で商工大臣（後、軍需次官）に就任。敗戦でA級戦犯容疑者として巣鴨拘置所に勾留されました。３年後、不起訴・釈放されたものの公職追放の身にありました。

サンフランシスコ平和条約発効に伴い、公職追放が解除された岸は、政界に復帰。56年、石橋湛山内閣で外務大臣に就任しました。外交に関して五つの方針が出されましたが、その一つが「経済外交の推進」でした。内閣発足から2カ月で石橋総理は病に倒れ、外務大臣兼務で岸が総理大臣臨時代理を務め、そのまま横滑りする形で総理大臣に就任しました。１９５７年のことです。

外交の基本方針にも変化はなく「我国の経済発展と国民の繁栄を図る見地」で経済外交を進めていきました。日本はすでに朝鮮戦争（50～53年）による特需景気で経済成長の足がかりを築いていました。さらなる経済成長のために、戦争で疲弊し欧米植民地統治からの独立を果たした東南アジア諸国は、伸びしろのある市場として魅力的な存在でした。

岸は、東南アジア諸国をどのように見ていたか。彼のオフレコ発言として次のような言葉が残されています。

〈東南アジア、インドネシアとかタイとかマレーとかを勢力圏の中に入れて、（日本が）中型帝国主義になる以外にこの一億人を食わす方法はない〉（『岸信介――昭和の革命家』岩見隆夫、学陽書房、カッコ内は引用者）

岸は、外務大臣時代から一貫して、外務省と経済界が協働した官民一体で東南アジア諸国との経済提携を結ぶ必要を説き、外務官僚、産業界、金融界のトップを集めた経済外交懇話会を発足させました。しかし、日本が「中型帝国」になるために東南アジア諸国を市場として育成すべく経済援助を行うにしても、まず、戦争賠償の協定を締結することが先決です。

57年、岸首相は東南アジア、オセアニア諸国を歴訪し、賠償協定締結を加速させました。インドネシアでは独立後の民族ナショナリズムの高まりから、一時的に逼塞状態にあったスカルノが復権していました。日本に親和的な人物とみなされ、このタイミングで賠償協定が締結されたのです。

1967(昭和42)年12月に外務省が発表した「わが外交の近況(第11号)」では、インドネシアに対する賠償の進捗状況が報告されています。賠償総額は803億880万円、1967年3月末の時点で〈賠償総額に対する履行率は、八〇・四パーセントに達している〉。

賠償のなかには、河川総合開発、橋梁建設、ビルやホテルの建設、工場の建設などが含まれています。こうしたプロジェクトには日本企業が参加し、資材調達や土木建築工事を担いました。つまり、日本の賠償金が企業の利益として、日本に還流していったわけです。いわゆる「戦後賠償ビジネス」です。対インドネシア賠償に関しては、元陸軍参謀で伊藤忠商事に入社した瀬島龍三がどうかかわったのか、その実態が『沈黙のファイル 瀬島龍三とは何だったのか』(共同通信社社会部編、新潮文庫)に詳しく記されています。

こうした戦後賠償と並行して開始されたのが、東南アジア諸国に対するＯＤＡ〈政府開発援助〉です。日本が１９５４年にコロンボ・プラン〈アジア太平洋地域の国々の経済社会の発展を支援する協力機構〉に加盟し、支援を開始して２０１４年で60年が経ちました。外務省はＯＤＡ60周年を機に「ＯＤＡの歩みと成果」と題する報告をまとめました。

報告の中に「東アジア・東南アジア地域に対する我が国ＯＤＡ」の項目があります。主要先進国中、日本がこの地域に対する最大の援助国であることが強調されています。成果として、ＡＳＥＡＮが総ＧＤＰ2兆ドルを超える巨大市場に発展し、日本企業にとっての有力な投資先・市場になったと記されています。

東南アジア諸国を巨大な市場に育てた手法が〈インフラ整備・人材育成・自助努力等を重視〉したものであり、この地域への支援が、日本型ＯＤＡの原点だと謳われています。この項目で注目したいのが「インフラ整備」です。こうした大規模事業に日本企業が参画し、日本が拠出した援助資金は、その日本企業を通じて回収されるわけです。いわゆる「ヒモつき援助」です。

中型帝国主義という思想

日本は、戦前は軍事力で、戦後は経済力によって、東南アジア諸国に対する影響力を保ち続けてきたと言えるでしょう。

戦後賠償やＯＤＡを官民一体のビジネスとして、自国の利益につなげていく手法、そして岸の東南アジアを勢力圏に入れた「中型帝国主義」という表現に集約される東南アジア諸国への眼差しと、今回のアジア大会で買春をしたバスケ代表４選手を、ＪＯＣがインドネシアの司直の手に委ねずに帰国させたこと、それを在インドネシア日本大使館が看過したこととの間に、共通した意識が見て取れるのではないでしょうか。

さきに、「かつてインドネシアを支配していたという日本の帝国主義的発想」と述べましたが、決して的外れではないことがわかると思います。

戦後、官が民を指導・統制して進めた経済成長のとば口にあって、岸の東南アジア諸国を市場とする「中型帝国主義」という思想は、官界、財界を巻き込んだ懇談会をつくったことからもわかるように、彼個人のものではなく政・官・財で広がりをもって共有されていたと考えるべきだと思います。それが具体的な形をとったのが、戦後賠償ビジネスであり、ＯＤＡだったと解釈しても無理はないでしょう。

日本が経済援助をしている国に赴任している官僚は、必然的に施しを与える立場になります。現地の人間に対し、上から目線で振る舞いがちになり、思考もそのように固まっていく。こうした「帝国の官吏」的な意識の集積が、狭い世界でしか通用しないローカル・ルールを形成していきます。

バスケ代表４選手が現地女性と遊んだ程度なら、インドネシア当局は無視して構わないだろう。そういう判断が働いたのかもしれません。あるいはそういう意識ゆえに、問題の所在にさえ気づけなかったのかもしれません。これも、戦前から培われてきた官僚的知性、あるいは官僚文化のひとつの形態なのだと思います。

しかし、近年、中国が東南アジア地域に対するプレゼンスを強めつつあります。そんな国際環境だからこそ、現地の外務官僚はインドネシア当局に対し、誠実に対応すべきだったと思います。この事件は、ローカル・ルールに浸っていると、その物差しでしか物事が測れなくなるという典型例だと思います。

岸信介という生き方

さて、2番目のポイントに移りましょう。インドネシアの話と、ここから先の話とのつなぎ役が、岸信介です。「昭和の妖怪」と呼ばれ、弟の佐藤栄作が〈兄貴はわしよりもズバ抜けて頭がいい〉(『岸信介――昭和の革命家』)と回想した通り、東京帝国大学法学部での秀才ぶりは有名だったといいます。東大法学部の学生の多くは、大蔵省や内務省を目指しましたが、1920年、岸は〈政治の実体は経済にある〉と考え、農商務省に入省しました。25年、農商務省は農林省と商工省に分離され、岸は商工省に属しました。

商工省はその後、軍需省に改組され、戦後、通産省になります。

「商工省に岸あり」と早くから名を轟かせ、岸の周囲にいた人々は、官僚でありながら非常に政治的な人物だったと証言しています。そんなエピソードをふたつ紹介します。

1980年末から、ジャーナリストの原彬久さんは二十数回、岸にインタビューをしています。

岸は1936年、商工省工務局長から満州国実業部総務司長として渡満しました。満州は実質的に関東軍が支配していました。岸は満州に渡って早々、関東軍参謀長・板垣征四郎のもとを訪れます。

〈面と向かっていうたことがあるんです。満州国経営の基本に関しては関東軍が考えればいい。われわれはそれに従っていくが、しかし日常の行政の本体はわれわれに任せてもらわないと困る。（中略）われわれが商売、実業をやる、といったわけだ。板垣征四郎もこれを了解したんです〉（『岸信介証言録』原彬久編者、毎日新聞社）

岸は、満州国経営に統制・計画経済を導入し、辣腕を振るいました。岸はこの証言録で、満州には〈国会がない〉から勝手にできた、と述べているのが印象的です。

1939年、岸は日本に帰国し、商工省次官になりました。そこで商工大臣の小林一三と大げんかをします。その時の回想です。

〈役人としてのあり方から逸脱していたと思うんだ、私自身がね。例えば、右すれば法律に違反し、左すれば法律には適うが結果がうまくいかんという場合、純粋な官僚である以上は左をとって几帳面にやっていかなければならんのです。満州から帰ってきたときには、どうもそれを逸脱して右のほうに行きかねないような状態であったと思うんです。満州では、こういう場合には結果のいいほうを選んでいたからね。よい結果を得るために法律を改正しようではないか、つまりこれは勝手にできたわけだ〉（同前）

その後、岸は商工次官を辞め、政治家に転身します。私には、『官僚たちの夏』の主人公・風越が、官僚時代の岸の縮小版に思えます。風越は課長時代から、大臣室の主のような態度の人物でした。相手が大臣であっても頭を下げず、上から目線で言うべきことを言います。けんかも辞さない。そこに法律がなければ作ればいい、と周囲を巻き込んでいきます。

岸は、けんかもしましたが、同時に時の権力者とうまくやっていく術も心得ていて、自分のアイデアを実現させていったところが風越とは違います。

風越は保守党の長老から、選挙に立候補するよう勧められたときに、人に頭を下げずに済むならば出馬してもいいと言いました。岸のように政治家への道は選びませんでしたが、どうやら政治的センスの持ち主でもあったようです。風越は官僚らしからぬ官僚でしたが、城山さんは、風越に岸の言う「左」をとらせて純粋な役人としての官僚人生を終えさせました。

それでも官僚としての風越のあり方には、強烈な個性と自負心に裏付けられたスタンドプレーが目立ちます。こうした思想と行動は、表から見るのと裏から見るのとでは、見えてくる風景が変わります。早速、裏から見てみましょう。

1920年代初頭から45年まで、中国東北部・満州を実質的に支配した関東軍を例にあげます。日本が満州全土を領有することを狙い、関東軍は中央の統制に服さず、謀略や武力行使を繰り返し、戦火を拡大させていきました。やがて日中戦争へ突入し、日本は引き返すことができない泥沼に足を踏み入れていきました。こうした流れの転換点で、決定的な役割を果たしたのが関東軍のエリート参謀たちだったのです。風越の仕事の進め方は、彼らの思想・行動と構造的に共通して見えます。

満州での情勢の転換点をざっと振り返っておきましょう。

やり返された石原莞爾

1928年、中華民国奉天郊外の満鉄線で張作霖が乗った列車が爆破され、張作霖は命を落としました。爆殺を主導した関東軍の河本大作大佐たちは、満州を中国から独立させるという大きな絵図を描きましたが、これは武力行使の口実を得るための謀略でした。しかし、関東軍の出動には至らず不発に終わりました。天皇はこの謀略を知って激怒します。時の田中義一内閣はこの事件が引き金になって総辞職しました。

1931年には、満蒙領有計画を進めていた板垣征四郎大佐や石原莞爾中佐が中心になり、奉天郊外の柳条湖で満鉄線を爆破しました。満州事変の始まりです。この爆破を奉天軍閥による抗日行動だとして関東軍が出動し、満州の主要都市を占領しました。

また、朝鮮を管轄していた日本陸軍の朝鮮軍が、林銑十郎中将の独断によって満州に越境しました。これは明らかな統帥権干犯です。しかし、若槻礼次郎内閣は朝鮮軍の独断越境を不問に付し、満州事変全体を事後的に容認したのです。

事変後、大本営参謀になっていた石原は1936年、関東軍が進めていた内蒙古分離工作を止めるため満州へ赴きました。説得にあたる石原に、関東軍参謀の武藤章から「私たちは、石原さんが満州事変のときにやられたものを模範としてやっている。あなたからおしかりを受けようとは思ってもいなかった」とやり返されました。

ここに現れているのは、軍のエリート官僚組織における権力の下降です。佐官クラスが独断で事を運ぶパターン、佐官クラスの献策に軍中央が引っ張られて作戦を容認するパターン、上の者の言うことを聞かないパターンなど、バリエーションはいろいろあります。

日中戦争中、蔣介石が日本軍と交渉しようとしても誰を相手にすればいいのかわからないと言ったときに、側近が「大佐か中佐か少佐を探せばいい」と言ったというエピソードが残っているくらいです。実質的な権力が、上位者の手から、下位にある人間の手に移っていったわけです。権力の下降が連続することによって、組織の「文化」になっていく。これが2番目のポイントです。

満州では、関東軍が実質的な支配者でしたから、武力と政治力が一つの組織に集まっていたといえます。ですから、ここで例示したように、権力の下降を図式的に描きやすいのです。そして岸のような少壮官僚が、軍権力と結びつくことによって、「国会のない」満州で行政手腕を思うままに振るうことができる。ここにも権力の下降が見て取れます。それだから、岸が商工次官として帰国後、上司の商工大臣と衝突し、自ら「役人としてのあり方から逸脱していた」と回想したわけです。

当時の日本国内の情勢はもっと複雑で、簡単には描けませんが、世界恐慌の煽(あお)りで、日本も深刻な不況に陥りました。閉塞感に覆われた状況で、血盟団事件、五・一五事件、二・二六事件など、軍人、右翼によるテロ、クーデターが起き、政官財界だけでなく日本社会全体がさらに不安定になっていきます。そうした情勢が政党の弱体化を加速させ、軍部の政界における台頭を許してしまいました。

権力を持つ軍部と結んで改革を唱える文官、つまり行政官僚たちは、新官僚、新々官僚、革新官僚と呼ばれました。彼らは各省内での影響力を高め、全体主義的、統制的な政策を推し進めていったのです。外務省でいえば、日独伊三国同盟締結に関与した白鳥敏夫が代表格かもしれません。

型破りの官僚の末路

さて、『官僚たちの夏』に戻りますと、主人公の風越は政治権力と結びつくことはありませんでした。むしろローカル・ルールに固執して挫折しています。風越は課長時代からかなり独走の傾向があり、局長になってその傾向にますます拍車がかかります。〈通産省首脳は、こうした風越を、左遷することも、たしなめることも、できなかった〉。

通産省内にはそれを容認する空気があったのです。風越の作ったローカル・ルールは、権力の下降によって芽生え、昇進に従って形成されたと言っていいと思います。

『官僚たちの夏』には、風越師団とは距離をおき、その動きを冷ややかに眺めるエリート官僚・片山が登場します。仕事は「定時・定量」でこなし、テニスやゴルフ、ヨットなど余暇も存分に楽しむ、風越や庭野とは正反対のスマートな官僚です。風越の人事カードでも眠っていた官僚でしたが、風越の退官後、片山は要職である化学工業局長に昇進します。次代の通産省を背負う人物であることを予感させる描き方です。

城山さんの筆は、あくまでも風越に同情的ですが、猪突猛進して挫折した官僚への単純な挽歌ではないのかもしれません。踏み込んで読めば、権力が下降し、独走を許したときに、何が起こりうるかを、読者に考えるよう促しているようにも思えます。

軍官僚もそうですが、一人ひとりは、自分の考えや行動は、置かれた状況と照らし合わせて合理的だと判断したはずです。ローカル・ルールと言い換えていいでしょう。しかし、その複数のローカル・ルールを組み合わせてみると、全体像は大きく歪んだものになっている。これが、統率者が当事者能力を失い、権力が下降したときの恐ろしさなのです。かつて型破りの官僚がいた、それに比べていまは……という懐古的感傷で、この作品を「官僚神話」の列に加えるべきではないと思います。

第4章

「第二官僚」の誕生
〜民主主義の危険な「迂回路」

傲慢なだけではない

「違う！」「間違ってる！」。2018年4月11日、衆議院予算委員会で、希望の党・玉木雄一郎議員（現・国民民主党代表）が、加計学園問題に関して安倍首相に質問していたときのことです。首相の背後からそんな声が聞こえてきました。

声の主は、佐伯耕三首相秘書官でした。経産省から出向した官僚です。玉木議員は気色ばんで「秘書官ですか？　あなたは。質疑者にヤジを飛ばすのはやめてもらいたい」と抗議しました。佐伯氏は、自分の発言を総理への助言だったと弁明しました。

佐伯氏のヤジを、1938年、国会の国家総動員法案委員会で、陸軍省の説明員として出席した佐藤賢了中佐が、国会議員に向かって「黙れ！」と一喝した事件になぞらえる人もいます。佐藤中佐の「黙れ！」は、国家総動員法の精神について説明中、複数の議員からヤジが飛んだことへの反応だったため、佐伯氏の場合と経緯は異なります。佐藤中佐の一喝の後、委員会は紛糾し、散会になりました。後日、杉山元陸相が謝罪し、一応の決着はつきました。当時の陸軍の威勢をもってしても国会はそれなりに尊重する気持ちはあったということでしょうか。

一方、安倍首相は、佐伯氏の「総理への助言」という言い分に同意し、そのまま議事は進行しました。玉木議員は「首相秘書官がヤジを飛ばすなんて前代未聞。安倍政権の傲慢な姿勢が隅々まで行き届いている」と記者団にコメントしました。後日、菅義偉官房長官がこの件について陳謝し、佐伯氏は西村康稔官房副長官から厳重注意を受けました。

佐伯氏の一件を、玉木議員がコメントしたような安倍政権の傲慢さの反映としてのみ、とらえないほうがいいと思います。

安倍総理にまつわる森友・加計学園問題が騒がしくなってから、今井尚哉首相秘書官、柳瀬唯夫・元首相秘書官、総理夫人の安倍昭恵さん付だった政府職員の谷査恵子氏など、官僚の名前をよく耳にするようになりました。ヤジを飛ばした佐伯首相秘書官は42歳の若さで秘書官に抜擢され話題になりました。4人とも経済産業省の官僚です。第二次安倍内閣が発足してから、メディアの報道を見ていると、首相を経産官僚が取り巻いているかのような印象を受けます。

「文藝春秋」２０１８年6月号には、安倍総理の信頼が厚いといわれる今井首相秘書官のインタビューが「昭恵夫人が無関係とは言えない」と題して掲載されています。今井氏は〈(昭恵夫人が) うかつにも名誉校長を引き受けたのは間違いでした。安倍総理にも間違いなく道義的責任があります〉と述べていました。

安倍総理の道義的責任については、すでに自民党内からも声が上がっていましたから驚くような話ではありませんし、推測ですが、今井氏も安倍総理と擦り合わせを行った上での発言だと思います。ただ、ここまで言っても自分の立場は揺るがないという自信があったのでしょう。ここで注意すべきは「文藝春秋」が官僚である今井氏を大きく扱ったことは何を物語っているのか、ということです。

私は今、官僚のあり方に変化が起きていると考えています。そう捉えた方が、これからの政官の関係を見誤らないと思っています。

総理のポジション

そもそも「国家」の主人は誰でしょうか？　官僚は「国家」の側にいます。では、総理大臣をはじめ国会議員はどうでしょうか。とくに衆院議員は代議士とも呼ばれるように、国民の中から選ばれ、国民の利益を代表して国政に参加します。つまり「社会」を代表して「国家」の側に入っていく人々です。

ということは、同じ国家の側にいても、政治家と官僚とでは、必ずしも利害が一致するとは限らないということになります。「国家」の内部で必然的に主導権争いが生じるのです。

終戦直後、GHQ（連合国軍総司令部）が、各省官僚の人事権を人事院に集中させる改革を行おうとしたものの、法制局官僚の抵抗によって骨抜きにされました。これは、明治以来の官僚機構の既得権を守り、その力の温存に成功したと言えます。

しかし、法制局官僚の抵抗はそれだけではなかったのです。GHQは、戦前、総理大臣の権限が弱かったことが、戦争の一因になったと考えていました。そもそも、大日本帝国憲法には、総理大臣の文字も内閣の文字も出てきません。〈国務各大臣ハ天皇ヲ輔弼シ〉とあるだけで、天皇との関係では総理も各大臣の一人、という扱いです。各大臣との関係では、総理は「同輩中の首席」程度のポジションでした。

天皇と各大臣の関係は憲法上、一対一の関係にあったといえます。ですから、総理大臣が軍の動きを抑えようとすると、軍部から、その資格もないのに天皇が持つ陸海軍の統帥権を邪魔立てするのかと統帥権干犯を攻撃されたのです。

ＧＨＱは日本に民主主義を導入するにあたり、総理大臣の立場を強く、明確なものにしようとしました。結論から言うと、総理大臣は内閣の〈首長〉（日本国憲法第66条）として、他の大臣よりも上位に置き、内閣の主宰者としました。一方で、総理は内閣の首長であっても、行政権は〈内閣に属する〉（同65条）とされ、総理への権力集中を避けました。法制局官僚は、戦前の政党政治の挫折、戦時色が濃くなってからの「お公家さん」政治家や軍人政治家の迷走や無為無策ぶり、議会のだらしなさなどから、政治家、そして政治そのものを信用していませんでした。法制局官僚にとって、総理に行政権を持たせない程度では生ぬるいと思ったのでしょう。

そこで憲法66条3項の〈内閣は、行政権の行使について、国会に対し連帯して責任を負ふ〉の「連帯して責任」を逆手に取ったのです。民政局側は、大臣一人ひとりが国会に対して責任を負っていることを「連帯」と考えていましたが、その意味に幅がある言葉だったため法制局官僚に解釈の余地を与えてしまいました。

法制局官僚は「連帯」を「大臣全員の一致」と解釈しました。今もおなじみの「全会一致の閣議決定」を経なければ、政府の方針を決められないという原則を作ったのです。こうして総理大臣に権限が集中して独走しないようあらかじめ縛りをかけました。つまり、自分たちの親分が無理無体なことをしないよう、子分が抑えにかかったということになります。この原則は明文化されていませんが、例えば、首相官邸のホームページで〈閣議の議決は、多数決の方式等を採用せず、全員一致によることとされている〉とあるように慣習法として定着していることが確認できます。

このように、官僚と政治家のせめぎ合いの芽は、日本が民主主義国家として再出発する前夜には生まれていたのです。

日本が戦争に負けても、国民は食べていかねばなりません。食糧難に加え、1949年まで激しいインフレに見舞われました。作家の野坂昭如氏は「インフレくらい怖いものはない」と当時を振り返っています。国民の暮らしを動かしていくためには、行政実務が欠かせません。たとえば1946年、経済復興・安定を目的に緊急施策を立て、推進するための経済安定本部（安本）が作られました。発足当初はあまり機能していませんでしたが、やがて、経済・財政系の官庁を中心にエース級の官僚が集まってきました。大蔵省からは後に首相となる大平正芳が送り込まれました。組織はどんどん拡充され、影響力は増していきましたが、インフレは49年のドッジラインという「外圧」による荒療治が行われるまで待たねば克服できませんでしたし、安本がどのくらい経済再建に貢献したのかは、評価が分かれています。いずれにせよ、終戦後の混乱期にあっても、実務をこなすことによって官僚は着々と力を蓄えていったのです。

各部会の利益の代弁者

終戦から2、3年経つと、日本を取り巻く国際情勢が大きく変わりました。東西冷戦が深刻になり、アメリカは対日政策を変更しはじめました。理想的な民主主義国家づくりから、西側陣営の一員として共産主義に対する防波堤づくりへの転換です。

1951年、公職追放されていた「経験値の高い」政治家たちが帰ってきました。主なところでは、鳩山一郎、石橋湛山、河野一郎、三木武吉（ぶきち）、灘尾弘吉などです。翌52年には、岸信介が復帰しました。

１９５５年、自由党と日本民主党が合流して自由民主党が結党されました。いわゆる保守合同です。こうして、先に再統一していた日本社会党との55年体制がはじまりました。この体制は１９９３年の細川護熙（もりひろ）連立政権の誕生まで続きます。分かりやすく図式的にお話しします。

自民党一党支配のもとで、政界、財界、官界による「鉄の三角形」が統治の基本形です。国の政策は、官僚と、各業界の利益を代表する自民党との合作で進められました。自民党議員は、党の政務調査会の各部会に属します。順調にいけば、政務次官、政調部会長、国会の常任・特別委員長と出世し、その過程で各業界・分野の事情に精通します。あるいは利益の代弁者になるとも言えます。そして当選回数を重ね、自分が得意とする分野の省庁の大臣に就任できることもあります。

ところで、日本国憲法には「首相」という呼び方はありません。〈総理大臣〉です。「財務大臣」「外務大臣」といった呼び名もありません。すべて〈国務大臣〉なのです。財務省の行政事務や官僚の働き方などを監督するから財務大臣、外務省を監督するから外務大臣と言われているだけです。

今、「監督」という言い方をしましたが、大臣は各業界・分野に通じた人物ですから、同時に、その業界・分野を所管する省庁の利益代表にもなるのです。こうして政治家は、省庁と業界との間の利害調整を行います。大臣に限らず、特定分野に通じた政治家が、たとえば、建設族、郵政族、農林族などと呼ばれました。いわゆる族議員です。族議員の中でも、とりわけ利害調整に長じ、政官財界に睨みのきく政治家が、「○○族のドン」と呼ばれました。

こうした利害調整の過程で、官僚は業界に対する自分たちの影響力を強くしよう、あるいは法案を原案どおりに成立させようとし、大臣や族議員に働きかけます。大臣や族議員は官界、実業界両方から、できるだけ多くの果実を得ようとします。そこに官僚と政治家との間で主導権争いが起こることがあるのです。

55年体制では、自民党内の有力派閥が競う形で疑似政権交代が繰り返されました。その枠内で、時々の内外情勢に影響を受けつつ、国家の主人の天秤は、政治家に傾いたり、官僚に傾いたりしながらも、政と官が互いを利用し合う形で国政を動かしてきたのが、この時期における国家統治の一側面だと思います。

政治家と官僚の争い

1993年、細川連立政権の成立で55年体制は終わりましたが、寄り合い所帯の悲しさであっけなく崩壊し、社会党の村山富市を首班とする「自・社・さ連立政権」が誕生しました。その後、政治の主導権は自民党が握り、2001年、森喜朗内閣のときに、中央省庁が一府二十二省庁から、一府十二省庁へと再編されました。森内閣は支持率の低迷に悩み、わずか1年しかもちませんでしたが、その後の小泉純一郎内閣は国民の熱狂的な支持を受けて発足しました。小泉政権下で官邸と官僚との関係は一つの転機を迎えたと思いますが、これについてはあとでお話しします。

政治家と官僚による国家の主人の座をめぐる争いが、私の目にわかりやすく映った事件があります。小泉政権の後、安倍晋三(第一次)、福田康夫、麻生太郎と続いた自民党政権は、安倍さん、福田さんがともに約1年で政権を投げ出し、信頼が揺らいでいました。そこに麻生さんの就任直後からの、漢字の読み間違いや繰り返される失言に、内閣支持率は20%を切るところまで落ち込みました。そして、2009年7月の総選挙で民主党へ政権が移りました。

話は政権交代への機運が高まっていた2009年3月に遡ります。民主党代表の小沢一郎さんの総理大臣就任が有力視されていました。ところが3月3日、東京地検特捜部は、小沢さんの公設秘書・大久保隆規さんを政治資金規正法違反容疑で逮捕しました。官僚というと財務省や外務省の役人をイメージしがちですが、検察官もれっきとした法務官僚です。検察庁は、利権とは縁遠く自立性が高い組織ですから、そこで働く検察官は非常にプライドが高いのが特徴です。

国策捜査の上手なやり方

まず、この事件の概要について述べます。準大手ゼネコンの西松建設がダミーの政治団体を通じて、小沢さんの資金管理団体「陸山会」に献金していたことを、東京地検特捜部は事実上の企業献金と認定しました。大久保さんは政治資金収支報告書への虚偽記載容疑で東京地検特捜部に逮捕されたのです。

民主党の鳩山由紀夫幹事長（当時）は、この事件について、政府と検察の出来レースではないかとコメントしました。「国策捜査だ」というニュアンスです。当時、これは国策捜査ではないと考えました。私が鈴木宗男事件で逮捕されたときに、取り調べにあたった検察官から国策捜査の定義を教えてもらったので紹介しましょう。

時代のけじめをつけるための象徴的な事件を摘発することで時代の転換を促す。これが国策捜査だというのです。したがって、その事件に対する世論の関心が最も高まっているときに容疑者を逮捕して、拍手喝采を受ける。しかし、その容疑者が裁判で判決を受ける頃には、世間の関心は薄れ、新聞もベタ記事扱いになるようにする。執行猶予つきの判決が出るように求刑し、第二の人生を歩みだしやすいようにする。これが上手な国策捜査のやり方だと言うのです。

さて、国策捜査の定義は西松建設事件には当てはまりません。まず、この事件には時代のけじめをつけるための要素がありません。鈴木宗男事件における「時代のけじめ」とは次のようなものでした。新自由主義的な政策に舵を切った小泉政権にとって、鈴木さんのような、中央から地方へカネを引っ張り、公共事業を行い分配するという、いわば「田中角栄型」の政治手法は時代にそぐわず、切り捨てるべきものでした。腐敗や汚職を招きやすい「政治をカネに変える」という手法とは縁を切る姿勢を国民に見せることで、新自由主義的な統治の時代のはじまりを告げる。その意味を込めて、鈴木さんを逮捕したのだと思います。

しかし、小沢さんの公設秘書の逮捕からは、つけるべき「時代のけじめ」が見えてきません。逮捕容疑は政治資金規正法違反です。特捜部が手がける事件としては実に恥ずかしい捜査の入り方だと思いました。

検察による政治家捜査の王道は贈収賄事件です。国会議員は特別職の国家公務員ですから職務上の公正さが求められます。政治家がお金を受け取り、特定の業者に便宜を図れば公正さが歪められます。検察はその歪みが犯罪に当たるとして捜査し証拠が固まれば逮捕に踏みきり、世間もそれを支持するのです。これまでも政治資金規正法違反容疑による摘発はありましたが、それはヤミ献金がほとんどでした。

ところが西松建設から陸山会への献金は、ヤミ献金ですらありません。陸山会側から領収証も出ています。つまり、帳簿にもらった先の名前が違って書かれていたという、

「うっかりミス」の類だったのです。では、検察の意図は何だったのでしょうか。ジャーナリストの魚住昭さんは、検察による摘発のハードルが下がってきていると指摘しています。例えば1998年の、いわゆる大蔵官僚のノーパンしゃぶしゃぶ事件では、銀行や証券会社からの接待を、贈収賄と解釈して摘発しました。それまでは、公務員は業者から金品を受け取らない限り、接待くらいでは捕まえませんよ、というのが検察と他の省庁との間の暗黙の約束だったといいます。

外務省でも、私が若かったころは、業者といっしょに高級レストランで一人3万円くらいの食事をすることもありました。しかし、外務官僚は、食事が終わって業者が車代として渡そうとするお金を決して受け取りませんでした。小沢さんの事件ではさらに摘発のハードルを下げてきたという印象です。検察官が西松建設の政治献金のルートを調べているうちに、陸山会への巨額なカネの流れを発見し、しかも小沢さんは地元の岩手での公共工事に大変な影響力を持っていることも分かった。ここにつながりがないわけがない。これは事件にできそうだと、汚職の構図を描いたのでしょう。政治資金規正法違反がその入り口になると考えたのだと私は見ています。

地に落ちた「特捜部神話」

検察官には、自分たち検察が「きれいな世の中」を作るという正義感が意識の底流にあるのだと思います。もちろん正義感は大切ですが、どのポジションで正義感を発揮するかということが問題です。社会をサッカーにたとえれば、検察はゴールキーパーです。社会における汚物処理係です。社会活動の中で「汚いこと」は必ず起きます。社会の汚物を整理することが検察の役割だと思います。だから検察には特別な権限が与えられているのです。容疑者の逮捕と起訴（不起訴）の権限は検察がほぼ独占しています（2009年には法改正があり、検察審査会を通じ検察官以外の国民にも刑事事件の容疑者を起訴できる権利が付与されました）。

それに対して、政治家はフォワードです。国民から選挙で選ばれ、その利益を国会で代弁する。そのフォワードが力不足で機能しなければ、国民が選挙で、よりましなフォワードに交代させればいいのです。ところが、ゴールキーパーである検察官がセンターラインを越えて攻め上がり、しかも違反の「ハンド（手）」を使ってプレーするから、ゲームが成り立たなくなってしまったのです。

この事件は、自民党が検察を使って、民主党代表の小沢さんを潰そうとしたという話ではありません。先ほども述べたように検察官は非常にプライドの高い官僚たちで、自民党のことも当時の民主党のことも怖くも何とも思っていません。しかし間もなく、大阪地検特捜部で起きた証拠改ざん事件で、「特捜部神話」は地に落ちました。政権交代前夜の小沢さんに関する事件は、正義感の裏に貼り付いた「国家の主人は誰なのか」という検察官僚の意識が表面化した最後の出来事だったと思います。

森友学園問題で、決裁文書改ざんを指示したとされる佐川宣寿・前国税庁長官を大阪地検特捜部は起訴しませんでした。山本真千子・大阪地検特捜部長（当時）は不起訴理由を説明する異例の記者会見を開きました。立件を断念せざるを得なかったことが、特捜にとってよほど悔しかったのだと思います。

脱官僚、脱根回しのツケ

少し前の時代のことです。2009年7月の総選挙で、民主党は地滑り的な勝利をおさめ、政権の座に就きました。鳩山由紀夫さんが総理大臣になり、小沢さんは党幹事長になりました。鳩山さんは、２００9年9月の閣議で「今日の日を、日本が明治以来続けてきた政治と行政のシステムを転換する、歴史的な第一歩にしなければ、この内閣の意味はありません」と述べました。この方針には、「官僚主導・官僚依存」「官僚のみによる事前調整」「官僚の政策決定を政治家が追認するような政治風土」と、これまでの自民党政治がいかに官僚との二人三脚で進められてきたかが繰り返し述べられています。

官僚に向けては「配下の官僚諸君にも、意識の変革を促しつつ、ともに改革に取り組み、国家を支える中枢としての誇りを取り戻していただきたい」と官僚を政治家の下位に置く、「政治主導」をはっきりと打ち出しました。

その主な改革メニューは、各府省に大臣、副大臣、大臣政務官からなる「政務三役会議」を設置し、政治家が政策の立案、調整を行う。これまでの事務次官会議を廃止し、政府の決定について、官僚だけで事前のすり合わせをさせない（要するに、根回しを認めないということです）。重要政策に関しては首相と官房長官が相談し、関係閣僚とそのスタッフによる閣僚委員会を開いて決める。つまり、政策決定から官僚を締め出すと言ったのです。

政府と与党は一体でそこには権力があります。議席数に応じて分配される政党助成金も巨額ですから資金力もありました。国民の支持率も50%台でした。しかし、民主党政権はなぜか追い詰められているように見えました。その理由は、官僚という訓練された情報操作や情報集約に優れた謀略家、陰謀家の集団がいたということです。

官僚組織では、物事が決まっていく過程ではさまざまな意見、異論を出して議論します。しかし、いったん結論が出ると、結論に不服であっても、その決定に全員が従わなければならないのです。それが鉄の掟のように徹底しています。官僚組織が一丸になって謀略家、陰謀家になるわけですから動くものも動きません。結局、「脱官僚」のツケを民主党は払わされることになります。もともと政治理念の異なる鳩山、小沢、菅直人の三頭体制のうえ、議員の政策も思想も右から左までバラバラの烏合の衆だった民主党政権は、わずか3年3カ月で崩壊しました。

民主党政権の寿命は長くないと誰もが思い始めていた2012年秋、自民党が次の選挙で政権の座に戻ると踏んで、総裁の安倍さんにアプローチしていた官僚たちがいました。とくに9月ごろから自民党本部や議員会館の自民党幹部の部屋に出入りする経産官僚の姿が目立っていたといいます（『官僚たちのアベノミクス』軽部謙介、岩波書店）。

うごめく通産官僚たち

民主党政権下で有効な対策を打てないまま進む円高に加え、グローバリズムの潮流に乗った輸出企業の現地法人設置は、国内の産業空洞化を加速させていました。経済的な閉塞感は企業にも一般家庭にも及んでいました。それは経産省にとって自分たちの存在意義を問われる事態です。自民党にとっては、民主党の失政として攻撃する格好の材料になりました。同時に、民主党の経済政策のマイナスをプラスに転じる政策を打ち出せば、業界からも国民からも支持を得られる可能性があるわけです。

自民党は２０１２年10月、党内に「日本経済再生本部」を置きました。本部長になった安倍さんは立ち上げの挨拶で〈成長戦略を持たない党が民主党であり、成長戦略をしっかりと示し、実行できるのが、われわれ自民党〉と述べています（自民党ＨＰ）。

経済再生本部には、経産大臣経験のある甘利明氏、外資系コンサルタント会社勤務経験もある茂木敏充氏らもメンバーに加わりました。こうした経済に明るい議員を通じて、経産官僚は自省の管轄である産業政策だけでなく、財政、金融政策など、他省庁の管轄分野であってもさまざまな提案をしていきました。経済という生き物を相手にする役所ですから、隣接する分野にも目配りが必要なのでしょうが、所管外の政策も提案するというのは、通産省（経産省）の文化なのかもしれません。こうした経産官僚の特色がうかがえるインタビューがあります。政権復帰前から自民党に出入りしていた経産次官（インタビュー当時）の菅原郁郎氏の話です。

〈経産省としての行政ツールを駆使するけど、とどのつまりはやっぱり日本をどうするかという問題意識があった。（中略）若い時から社会保障にも関心があるし、あとは外務省マターの安全保障とか財務省管轄の財政とかにも興味を持ち、徹底的に勉強しました〉（日経ビジネスオンライン、2017年2月27日）

安倍さんの振り付け役になったのは、経産官僚だけではありません。安倍さんとの付きあいが長い、財務省ＯＢで経済学者の本田悦朗氏や浜田宏一氏らの助言も、安倍さんの政策固めに大きな役割を果たしました。こうして総理大臣になった安倍さんは、〈「どれだけ真面目に働いても暮らしがよくならない」という日本経済の課題を克服するため〉（首相官邸ＨＰ）、大胆な金融政策、機動的な財政政策、民間投資を喚起する成長戦略を「三本の矢」とする政策を示しました。これがアベノミクスと言われる経済政策です。

省庁から厳選された超エリート官僚

ここで私が注目したいものが二つあります。一つは「日本経済再生本部」です。もともと自民党内にあった日本経済再生本部が内閣に設置され、本部長は首相が務め、全閣僚が参加します。「三本の矢」を実現するための司令塔となるのがその役目です。閣議決定により設置されたため、法的な裏付けはありません。議事進行、決議についても取り決めはなく、〈本部の運営に関する事項その他必要な事項は、本部長が定める〉とあるだけです。文面を読む限り、アベノミクスの推進に関して首相は強い権限を持てる構成になっています。成長戦略は、菅原氏や加計学園問題で有名になった首相秘書官（当時）の柳瀬唯夫氏らが中心になってまとめました。

日本経済再生本部の実務を担っているのが、日本経済再生総合事務局で、２０１３年1月7日から始動しています。各省庁から出向した超エリート官僚によって構成され、次長を除く46人のうち、最も多いのが、経産省から出向した12人です。財務省からの出向者が7人ですから、他を圧倒する数だといえます。そのうち、管理職に当たる参事官が12人います。そのポストを４人の経産省出身官僚が占めています。日本経済新聞は「経産省が一大勢力　民主政権で『冷遇』から反転」（２０１３年1月8日付）の見出しで、安倍政権への経産省の浸透ぶりを伝えていました。

注目すべきもう一つが、「経済財政諮問会議の再起動」です。この会議は、小泉内閣時代に本格稼働しましたが、民主党政権では休会していました。それを安倍総理は「再起動」させるというのです。

経済財政諮問会議は、新自由主義的な小泉構造改革を進める主舞台でした。この委員会は総理大臣、官房長官、経済系大臣のほか、財界と学界からの民間議員４人で構成されていました。2001年4月、小泉総理は組閣にあたり、民間から経済学者の竹中平蔵氏を経済財政政策担当大臣として政治任用しました。小泉さんと竹中さんとは旧知の仲でした。小泉総理の全面的なバックアップを受け、竹中さんは担当大臣として、経済財政諮問会議を見事に使いこなしました。

この年の経済財政諮問会議では、6月に構造改革の起点となる「骨太の方針」が打ち出され、9月に改革の工程表が発表され、12月には翌年の予算編成の基本方針が決められました。予算編成権が徐々に財務省から官邸へと移っていったのです。しかもこのとき、与党・自民党の意向に耳を傾けることもありませんでした。

ここで覚えておきたいのは、小泉総理が、選挙によって国民から選ばれていない竹中さん(2004年に参議院議員に当選)に、国の統治構造を変えるという重大な仕事を任せたということです。竹中さんは形式的には国民に対して責任を負わないことも注意しておきたい点です。

官邸の評価が人事面で優遇される

さて、話を安倍政権での経済財政諮問会議に戻します。経済財政諮問会議は、小泉政権のもとで影響力を削られたとはいえ基本的には財務省が主導的に運営するものだと思います。その経済財政諮問会議の運営を担当する内閣府政策統括官に、経産省出身の新原浩朗氏が任命されました。経産官僚がこのポストに就くのは10年ぶりのことでした。財務省の「縄張り」に経産省が進出拠点を築いたような感じでしょうか。

2018年7月25日の朝日新聞デジタルに興味深い記事が掲載されました。経産省では首相官邸の評価が高い幹部官僚が人事面で優遇されるというのです。省内では論功行賞という見方をされているといいます。

〈永田町・霞が関で波紋が広がったのは、内閣府政策統括官から経産省の筆頭局長格とされる経済産業政策局長への「出戻り」が決まった新原浩朗氏（58）の人事だ。新原氏は政権の看板政策「アベノミクス」の司令塔役となる経済財政諮問会議の運営を担当〉

付け加えておくと、新原氏の後任の政策統括官も経産省出身者が就くことが決まりました。さて、新原氏の評価ポイントとして、記事は、教育無償化、働き方改革など安倍政権が重要視する政策の実現に、首相秘書官の今井尚哉氏と連携して尽力した、と報じています。ここで気になる名前が出てきました。先ほども少し触れましたが、経産省出身の首相秘書官、今井氏です。この人のおじさんは通産事務次官を務めた今井善衛氏です。『官僚たちの夏』で、風越と政策をめぐって対立する「玉木」のモデルだとされています。

首相秘書官は内閣官房に置かれ、5人のうち首席とも言われる政務秘書官に加え、財務省、外務省、経産省、警察庁からの出向者が事務担当の秘書官になります。総理の手足となり、頭脳となって働くのが役目です。今井氏は政務秘書官です。第一次安倍内閣時代にも事務担当の首相秘書官を務めました。安倍総理のたっての願いで、政務秘書官になったと言われています。

領土問題の責任は誰が負うか

今井氏の仕事は、アベノミクスの重要政策を実現させる役割を果たすだけではありません。安倍政権における官僚のあり方を考える象徴的なエピソードがあります。

2017年9月7日、安倍総理はロシアのプーチン大統領とウラジオストクで会談しました。総理は会談で北方領土問題を前に進めたいと考えていました。会談前に北方領土での共同経済開発という「経済カード」を切れば、ロシア側が軟化するのではないかとみて、今井氏に〈対ロ交渉を主導させてきた〉と朝日新聞デジタルは伝えています（2017年9月7日）。

外務省は、縄張り意識からこの手法に反対し〈対ロシア外交を担ってきた外務省ロシア課は一時期、交渉ラインから外されたという〉（同前）。

もっとも、経済に強い人間が事に当たれば北方領土交渉が前進する、というほど外交は生易しいものではありません。私自身、北方領土問題に携わっていましたから、交渉の難しさ複雑さは骨身にしみてわかっています。過去の日ロ間で交わされた条約文書の解釈からロシア人の思考様式、ロシア政府首脳の趣味嗜好まで研究しつくして、新たな交渉の切り口を探る必要があります。それでも進まないときは進まないものなのです。

安倍総理が今井氏に行わせたことは、側近政治です。今井氏が主導した対ロ外交が頓挫したときに責任は誰がどうとるのでしょうか。首相秘書官の職務権限はどこまで及ぶのでしょうか。責任は総理自身が取るということになります。外務省が担えば責任の所在は、対ロシア外交ならばロシア課長が直接の責任を負います。

また、経済財政諮問会議で、働き方改革や教育無償化の実現に、経産省出身の新原政策統括官と今井首相秘書官が連携した、と先ほどの朝日新聞にありました。二人は労働行政の専門家でもなければ教育行政の専門家でもありません。教育無償化のための予算を握っているわけでもありません。

安倍内閣は「経産省内閣」といわれるように、官邸では経産省出身者、経産省ＯＢが首相秘書官や首相補佐官として重用され、また、内閣官房や内閣府では中堅、若手の経産官僚が実務をこなしています。そして官邸の覚えめでたい官僚が、本省で出世するという構図ができているようです。

「全体の奉仕者」から「一部の奉仕者」へ

2018年4月、森友学園問題で安倍総理周辺が騒がしくなっていたころ、自民党の吉田博美参院幹事長は安倍総理のことを「長所は人を大事にすることです。そして友人を大事にする。最大の欠点は、その人たちをかばいきる」と発言しました。

その通りだと思います。実際に、安倍総理との距離の近さで重用されるわけですから。下野していたときに経産官僚は足繁くやってきた。だから経産省はいい役所。選挙公約づくりの知恵袋になってくれた経産官僚がいた。政権をとった後の経済政策をまとめてくれた。あるいはよく言うことを聞いてくれる、そういう人や組織を大切にしているのです。

総理の懐刀と言われる今井氏だけなく、首相補佐官と内閣広報官を兼任する長谷川栄一氏も経産省OBで、安倍総理が望んでの起用です。先に成長戦略をまとめた菅原氏も2017年に内閣官房参与になり、「人づくり革命」などの助言を行っています。柳瀬氏の後任で首相秘書官になった佐伯耕三氏は、安倍総理のスピーチライターでもあります。

官僚は「全体の奉仕者」です。採用にあたっては、情実を排し公正さを保つため、競争試験を導入した成績主義を原則としています。しかし各省庁に採用されて、官邸に入ったとたん、官邸官僚は他省庁の官僚の上に立つ特別な存在になってしまいます。しかもそこには「人を大事にする」安倍総理がリーダーでいて、しっかり働けば、官邸からも本省からも評価される、居心地のいい場所でもあるようです。ここでようやく、この章で私が伝えたかったことのまとめができます。すなわち、私はここに、「第二官僚」の誕生をみているのです。

法の下の平等という原則のもとで働く官僚とは異なる働き方をする官僚たちです。原型は小泉政権で政治任用された竹中平蔵氏に求められると思います。その場合と同じように、安倍総理に近い現役官僚に加え、総理にさまざまな肩書で起用された、官僚OBや学者、財界人も「第二官僚」だといえます。つまり民間人による「新官僚」です。そこでは、専門性も実務能力も高い官僚によって成り立つ既存の府省の頭越しに、政策が作られているように見えます。第二次安倍政権から5年9カ月、「第二官僚」は、誰かが設計図を引いたわけでもないのに、それで完結した一つの「制度」になりつつあるようです。

ワイマール憲法とナチス

「第二官僚」は日本の統治機構の中でどのように成り立っているのでしょうか。安倍総理は、自分と距離の近い「第二官僚」による政治を進めるために、新たに法律を作ったわけではありません。基本的には、重要政策ごとに諮問会議を立ち上げ、経産省をはじめ各省庁からの出向者を事務担当にするというやり方です。現行制度の枠内で、政治と官僚との間に変化を起こしました。

諮問会議でまとめられた内容が、実質的に政策の骨格になっていきます。しかしその委員は選挙によって直接国民に選ばれた人たちばかりではありません。いわば、民主主義が「迂回」されているのです。

麻生太郎財務大臣が学んだという「ナチスの手口」とはこのようなものです。ナチス党はワイマール憲法下の選挙で勢力を伸ばし、政権を獲得しました。その後もワイマール憲法を変えませんでした。ナチス党は、現行の法制度をうまく利用して、ワイマール共和国の統治機構に浸透したのです。ワイマール憲法には、大統領の緊急命令権がありました。公共の秩序回復のための武力行使の容認と、国民の基本的人権を一時停止することが可能な命令です。これは第一次世界大戦後、共産主義者による蜂起や暴動のトラウマによるものだとされています。ワイマール共和国最後の大統領ヒンデンブルクは大統領命令を乱発していたので、国民は慣れっこになっていました。

１９３３年1月30日、ヒトラーは大統領から首相に任命されました。しかし、ナチス党単独ではなく他党との連立政権でした。ナチス党の単独過半数獲得を狙って、ヒトラーは組閣から間もなく議会を解散しました。投票日間近の2月27日夜、国会議事堂が炎上しました。ナチスはこれを共産党の仕業だと宣伝しました。翌28日、政府は大統領令を出し、憲法にある国民の諸権利を停止して、その間に共産党を徹底的に弾圧したのです。ところがその後の選挙でもナチス党は過半数に届きませんでした。それどころか共産党は81議席を獲得したのです。

3月23日に開かれた国会では、出席した共産党議員団は数にかぞえられず、ないものとされました。ヒトラーは、4年間の独裁権を自身に与える授権法（いわゆる全権委任法）を提出し、可決、成立しました。ヒトラーは合法的に独裁権を手に入れたのです。

ヒトラーやナチス党にとって、もはや憲法はあってもなくても同じだったのです。ドイツは連邦制であり、諸邦をはじめ日本でいう市町村をナチス党によって支配しなければなりませんでした。新たに「帝国地方長官法」を制定し、各地方長官にナチス党幹部を配したのです。既存の地方政治の制度の上に乗る形で配置され、実務は既存の地方官僚が担いました。

経産省が官邸の下請けに

中央省庁へのナチス党の浸透はどうなっているのでしょうか。ドイツ現代史が専門の山口定さんによれば、外務省への浸透が最も難しかったといいます。ナチス党は、リッベントロップ機関、ローゼンベルク局、ナチス党外国組織部という独自の外交組織を作り、党の目的にかなった外交活動を展開させました。そのために、やがて外務省は外交の主役の座を降りることになったのです（『ナチ・エリート』山口定、中央公論社）。

治安の要である警察に対しては、制度が複雑なこともあって紆余曲折がありましたが、全ドイツ警察を統一して親衛隊長であるヒムラーが長官に就任。この分野では親衛隊を既存の秘密警察に重ねてゲシュタポが設置されました。

　他の省庁の高級官僚への対策として「職業官僚制の再建のための法律」を制定しました。内実は組織からマルクス主義者とユダヤ人を追放することでした。それは高級官僚の保守的感情をくすぐるものでした。彼らはワイマール憲法が成立する前の伝統的な「非政治的」職業官僚に戻ったといいます。つまり、自分たちの親方が変わっても、与えられた実務を淡々とこなす存在になった、というわけです。

　まさしく憲法を変えず、現行制度をうまく利用すれば、ヒトラーは自分の取り巻きのナチス党幹部を要所に配して国家を運営できたのです。言い換えれば、総統との距離が近い人間を新しい官僚、いわば「第二官僚」とし、既存の官僚機構の上にかぶせて、ワイマール共和国を乗っ取ったのです。

　朝日新聞は、経産省が官邸の下請けになっていると報じています。多くの経産官僚が官邸入りしたことによって、そこで立案された政策の実務が経産省本体に下されるようになった。また、安倍政権が新たな目玉政策を経産省に求めてくるが、年々、その要求が厳しくなっている。経産省本体が官邸の「下請け」となる場面が目立つようになったといいます。あるいは外務省の場合のように競合する「同業他社」をぶつけて、老舗の力を削いでいくという手口も、日本経済再生本部や経済財政諮問会議が、財務省や厚労省、文科省などの専門領域を飛び越えて政策をつくることと、共通しているように思えます。

「第二官僚」の視線の先

この章のはじめの方で、「『国家』の主人は誰でしょうか?」と問いかけました。55年体制での政治家と官僚の関係は、基本的には互いに利益を分け合うというものでしたが、そこには政策ごとにパイの取り分を、自分たちの側へいかに多く持ち帰るかという緊張関係があったと思います。その意味で両者は「国家」の主人の座を競っていました。しかし、「第二官僚」の場合、彼らが安倍総理を囲む小さなサークルに入ると、その目はいつも安倍さんという権力を持つ者の方に向きます。官僚は政権の望み通りに政策を立てているのか、自分たちがいいと考えた政策を政権に献策して受け入れられているのか、次第に区別がつかなくなってくるのではないでしょうか。

「第二官僚」では、政治と官僚が一体になって「国家」の主人になっているといえます。ここの住人になれる官僚は絞り込まれていますから独自の「文化」も芽生えていることでしょう。

第1章でみたように、安倍政権は事実上の超然内閣です。政界、官界に睨みをきかせていた検察はかつての神通力を失いました。これまでの「国家」の上に、小さいけれども非常に強力な「第二官僚」という、新「国家」が乗っている構図が成り立ちます。「国家」の中で、すでにある官僚階級の上に、「第二官僚」として別の階級をつくっているのです。政権がこの勢いを保ったまま「第二官僚」をさらに進化させると、「国権の最高機関」である国会や既存の官僚機構を形骸化させる可能性すらあると思います。そうは言っても、いまはそこまでひどいことになっていないし、安倍政権はあと3年だから、その間の現象だ、と考えるのは甘いと思います。後に続く世代の政治家、官僚はすでに「第二官僚」を目の当たりにしているのです。

生物学者のリチャード・ドーキンスは、遺伝子の特性とは自己複製子だと述べました。遺伝子は自分のコピーを増やそうとすることが本分なのです。ドーキンスは、遺伝子の自己複製がミームという形をとって人間の文化継承にも当てはまるといいます。文化は〈模倣と呼べる過程を媒介として、脳から脳へ渡り歩く〉（『利己的な遺伝子』R・ドーキンス、日髙敏隆ほか訳、紀伊國屋書店）ことによって自己複製をするというのです。

この本のいちばん初めに「官僚にとって、今の日本くらい統治しやすい国はない」と述べました。それは「第二官僚にとって」というのが私の見立てです。「第二官僚」に魅力を感じている次代の政治家や官僚が、いずれは「模倣」しようと考えていても不思議ではありません。ただ、ドーキンスはこうも述べています。

〈急激な増殖によって目覚ましい短期的成功を達成しながら（中略）永くは留まれないようなものもある〉と。「第二官僚」に、民主主義を迂回する道をつくらせてはなりません。私たち「社会」の側が知恵を絞るときがやってきたと思います。

第5章　無意識の中の「ケガレ祓い」

オウム死刑報道への違和感

2018年7月6日と26日、地下鉄サリン事件など一連のオウム真理教事件で死刑が確定していた麻原彰晃（松本智津夫）死刑囚はじめ13人の死刑囚に対し刑が2回に分けて執行されました。この章の結論を先取りして言いますと、これは法務官僚によるケガレ祓いだった、と私は思っています。

その理由をこれから解いていきたいと思います。

まず、この死刑執行について、新聞はどのような見解を示したのでしょうか。思想的スタンスが対極的な朝日新聞と産経新聞の社説を読んでみます。

朝日新聞は7月7日付に「オウム死刑執行　根源の疑問解けぬまま」と題して、〈なぜ教団は社会を敵視し、サリンの散布にまで走ったのか。暴走をとめることはできなかったのか。その根源的な疑問は解けないまま残されている〉と述べ、国会や政府の責任で研究者チームをつくり、事件の記録の分析を進め、若者たちがオウム真理教に吸い寄せられた理由を解明すべきだとしています。また、死刑廃止が世界的潮流になっていることから、死刑の実態の情報公開に努めるよう促しました。

産経新聞は7月7日付と27日付の2回、主張（社説）で取り上げています。7日の主張は〈わが国が、死刑制度を有する法治国家である以上、確定死刑囚の刑を執行するのは当然の責務である。法の下の平等を守り、社会の秩序を維持するためにも、これをためらうべきではない〉として、死刑執行を支持しました。次にオウム真理教の後継団体が〈現存する事実を、社会は許容してよいのか〉と疑問を投げかけたうえで、テロに強い国家に生まれ変わるべく法整備の推進を提唱しています。

27日の主張も基本線は同じで、テロに対して法制度的不備があることを指摘し、〈テロと戦う国際社会にあって、日本は依然、弱い環（わ）である。2年後の東京五輪は、十分にテロの標的となり得る。オウムの反省を、あらゆる分野で反芻（はんすう）すべきだ〉と結んでいます。

朝日、産経では主張する方向性は異なりますが、国が事件の教訓を生かしているとは言い難いという点では一致しています。この両者を含め主要メディアの論調に私は強い違和感を覚えました。なぜなら、決定的な「問い」が欠落しているからです。

「なぜ、このタイミングでの死刑執行をせねばならなかったのか」という問いです。私が知る限り、どのメディアもこのことを問うていません。各メディアは、死刑執行時期の理由をストレートニュースとして報じているに過ぎません。社説の論調以外でも、朝日、産経の記事は次のようなものでした。

〈法務省としては、天皇の代替わりや東京五輪・パラリンピックなどの慶事を控え、「平成のうちに執行を終えたい」という思惑があった〉（朝日新聞デジタル、7月27日）、〈「平成を象徴する犯罪は平成の時代に」（法務省幹部）決着をつけた形だ〉（産経ニュース、7月26日）。

法務官僚の言い分は「平成に起きた事件は平成のうちに決着をつける」ということですが、これは「没論理」といって理屈になっていないものです。

今回の代替わりは天皇の生前退位によるものですから、恣意的に「平成」という時間の終わりを決めることができるものです。そのことによって懸案事項を処理する時間もまた恣意的に縮められる、という理屈になります。

「平成に起きたことは平成のうちに」という理屈は、まさに恣意的なものです。その期限設定に従うならば、平成が終わる1カ月前に何らかの事件が起きたとして、その事件は平成のうちに解決しなければならないことになります。平成に死刑が確定した人間は全員、平成のうちに死刑執行されるべきだ——このように主張することもできるはずです。没論理とはそのようなもので、どのようにも解釈できるところが恐ろしいのです。メディアはその点を指摘していなかったのです。

さて、第1章で、官僚は独自の文化を形成していると述べました。オウム真理教事件に関係した死刑囚の死刑執行についてここで触れるのは、官僚の文化と関係するからです。文化とは、ある集団の成員の思想・行動が、長い時間をかけて継承・集積されることによって形成されていくものです。

「自殺の大蔵、汚職の通産、不倫の外務」と言われるように、省庁によっても文化が異なります。ここでは法務官僚に流れている「無意識の論理」とでも言うべきものを探ることによって、官僚とはどのような存在なのかを考えるきっかけにしたいと思います。

刑執行に前のめりだった法務官僚

今回の一連の死刑執行に安倍政権の意思は働いていたのでしょうか。私は、直接には関係していなかったと思います。手がかりは次の記事にあります。

〈「法務官僚は今後、大臣に足を向けて寝られない」

法務省のある幹部は26日、こう語った。1カ月以内に13人という、過去に例のない「大量執行」を決断した上川陽子法相は、省内で高く評価されているという。（中略）今年1月に教団関連の裁判がすべて終了し、執行に向けた手続きを進めようとした法務官僚は説得を重ねてきた。上川氏が涙ぐんだり、周囲に体調不良を訴えたりすることもあり、法務省幹部は「気持ちが揺れ動いていたようだ」と推察する〉（朝日新聞デジタル、7月27日）

つまり、法務官僚が刑の執行に前のめりだったと推察できます。なぜでしょうか。

「平成に起きたことは平成のうちに」という没論理に、法務官僚なりの「論理」を見出そうとするならば、その根底にあったのは、麻原元死刑囚が現行の日本の統治構造を破壊して、「天皇」になろうとしていたことだと思います。その行為が、法務官僚の無意識に内在する「ケガレ」の意識を目覚めさせたと私は見ています。

平成の御代から新しい御代へと代替わりがあるときに、平成に起きたケガレを祓うという神道的なメンタリティと結びついた法務官僚の思想だと思います。これが没論理の中身なのです。こうした見方は、戦後70年以上過ぎた現在、荒唐無稽なものなのでしょうか。

まず、上川陽子法相（当時）は6人の死刑執行を受け、7月26日午前、法務省で開いた臨時記者会見で、オウム真理教についてこう述べています。

〈教団は勢力を拡大し、救済の名の下、日本を支配して（麻原元死刑囚が）自らその王となることまで空想して武装化を進めた。その妨げとなるものは教団内外を問わず敵対視し、ポア、殺害するという身勝手な教義の下、二度にわたる無差別テロ

に及んだ〉（産経ニュース、7月26日、カッコ内は引用者）

麻原元死刑囚はかつて、自身を、日本のみならず世界の「神聖法皇」と言い、「私が世界の中心になり、指導的な役割を取らなければならないのは疑いがない」（『終末と救済の幻想 オウム真理教とは何か』ロバート・J・リフトン、渡辺学訳、岩波書店）と述べています。明らかに、麻原元死刑囚が自分は天皇に代わる存在、あるいは自分が天皇よりも上位の存在になるということを意識したうえでの発言です。

「天皇の赤子」から「天皇の官吏」へ

では、今回の死刑執行が「神道的なメンタリティ」と結びついたケガレを祓う行為だと見ることは妥当なのでしょうか。

第二次世界大戦末期、敗北が決定的となった日本政府が、ポツダム宣言を受諾するにあたり「国体護持」を条件に出しました。簡単に言えば、日本の統治者たる天皇をそのままにしておいてほしい、ということですが、「国体」の内実はどのようなものだったのか。1940年、内務省神社局から昇格して中央官庁になった神祇院による『神社本義』を読んでみます。

〈大日本帝国は、畏くも皇祖天照大神の肇め給うた国であつて、その神裔にあらせられる万世一系の天皇が、皇祖の神勅のまにまに、悠遠の古より無窮にしろしめし給ふ。これ万邦無比の我が国体である〉

日本は、天照大神（あまてらすおおみかみ）の子孫である天皇が遥か昔から絶えることなく治めてきた、世界に類を見ない神聖な国であると述べています。

補足するならば、無窮を「絶えることなく」と述べましたが、文部省が1937年に刊行した『国体の本義』においては「無窮」を、時間的連続という意味でとらえるだけでは不十分で、「無窮」という言葉には皇祖神と一体化した天皇の現在と「我が国の無限の将来が生きてゐる」と解説されています。

次に、国民はどのような存在だったのか、引き続き、『神社本義』を読みます。

〈歴代の天皇は常に皇祖と御一体にあらせられ、現御神として神ながら御代しろしめし、宏大無辺の聖徳を垂れさせ給ひ、国民はこの仁慈の皇恩に浴して、億兆一心、聖旨を奉体し祖志を継ぎ、代々天皇にまつろひ奉つて、忠孝の美徳を発揮し、かくて君民一致の比類なき一大家族国家を形成し、無窮に絶ゆることなき国家の生命が、生々発展し続けてゐる。これ我が国体の精華である〉

ここには、国民は天皇の赤子という考え方が現れ、天皇を家長とする永久的な家族国家像が示されています。全国民の親である天皇は、無窮の統治者、つまり永遠の存在なのですから、たとえ戦争に負けようが、護持されなくてはならなかったのです。当然、官僚も天皇の赤子です。大日本帝国憲法第10条で〈天皇ハ行政各部ノ官制及文武官ノ俸給ヲ定メ及文武官ヲ任命ス〉とあるとおり、官僚の身分は天皇から与えられるものでした。

第二次世界大戦前夜の１９３０年代前半くらいから「天皇の官吏」という言葉が、官僚の一部で流行し始めたといいます（『官僚の風貌』水谷三公、中央公論新社）。

1945年、日本は第二次世界大戦に敗北しました。天皇は、大日本帝国憲法で定められた国家元首で統治権の総覧者から、日本国憲法では国民統合の象徴へと、その地位が変わりました。天皇の地位に変更はあったものの、皇統の存続には成功したのです。

揺らがなかった東大法学部出身者優位

官僚にも変化の波が押し寄せました。GHQ（連合国軍総司令部）による「民主」改革の中で、「官僚の本拠」とも呼ばれた内務省が解体され、陸軍省、海軍省はなくなりました。一方で、労働省や建設省などが新たに誕生しました。

官僚の身分にも変更がありました。大日本帝国憲法下、官僚の階級は大きく、勅任官、奏任官、判任官、雇員、傭人（ようにん）に分かれていました。勅命（天皇の命令）によって任じられる勅任官は、親任官と勅任官の二つに分かれ、天皇自らが任命するのが親任官で、勅任官の上位になり、大臣や枢密顧問官などが該当します。「ふつう」の勅任官は各省の次官、局長などの幹部官僚です。奏任官は課長クラスの中堅幹部にあたります。ここまでが「高等官」と呼ばれ、いまで言うキャリア官僚だと思ってください。

戦後、天皇にその身分の根拠を持つ官僚に対しても、GHQは「民主化」を進めようとしました。1946年に公布された日本国憲法第15条で〈すべて公務員は、全体の奉仕者であって、一部の奉仕者ではない〉と位置づけられました。

憲法が変われば、官僚も本当に「民主化」され、変わるものでしょうか。

47年には、日本国憲法15条を下敷きに、国家公務員法が制定されますが、その前夜、米国側（フーバー顧問団）は、天皇を特別公務員の筆頭にすることを構想していました。また、独立性の高い人事院が創設されました。人事院から人事局長を各省に配置することで、それまで各省にあった採用を含む人事権を、人事院に集中させようとしたのです。東京大学法学部出身者が牛耳る「封建的官僚制」の打破が狙いの一つだったとされています。

ところが、フーバーの一時帰国という事情も手伝い、官僚側が一気に巻き返し、骨抜きになったものが、47年の国家公務員法だったのです。〈大きく見て、高文（高級官僚の採用試験）時代と比べた人事制度の連続性も印象的である。国家試験はあくまで資格試験で、採用決定は各省庁が独自に行う体制は続〉（『官僚の風貌』）くことになりました。

戦前戦後を通じて、官僚人事における東京大学法学部出身者優位は揺らぐことはありませんでした。中央官庁における出身大学の多様化への試みは、何度か行われてきましたが（たとえば近衛文麿内閣や宮沢喜一内閣）、目に見えるほどの変化はありません。日本の官僚人事は、明治以来、「クローズド・キャリア」が大原則で、学卒者を採用したら、入省年次による内部昇進によって組織を運営し、外部から幹部クラスの人材を中途採用することもほとんどありません。これは第1章で見たとおりです。

つまり、こうした、明治から続く人事の一貫性が、堅固な官僚の文化を築いているのです。その文化の中に「天皇の官吏」という意識が「古層」として流れていると見ても、あながち的外れではないと思います。まとう衣服（憲法）は変わったけれども、着ている本人（生々発展する一大家族国家）に大して変わりはない。ゆるい形ではあるけれども「国体は護持された」といっていいと思います。

オウム真理教事件にかかわった死刑囚を「ケガレ」と捉える要素の一つがここにあります。つまり、麻原元死刑囚が、オウム真理教という閉鎖的空間の中で絶対的な支配者となり、その下に省庁制を敷いて疑似国家を形成していたのです。そればかりか一大家族国家の親である天皇に取って代わろうとしていた。「天皇の官吏」には、それが「ケガレ」と映っても不思議ではありません。

そのケガレを「祓う」とは、どういうことなのか、歴史を遡ってみます。

古事記に描かれた祓いの行為

古事記には、「国生み神話」に登場する男女神・イザナキとイザナミは、交合することで、淡路島をはじめ、いまの日本列島の主な島々や神を生みます。イザナミはその神々のうちの火の神・迦具土（かぐつち）神に産道を焼かれて亡くなります。

イザナキは愛するイザナミの死を嘆き悲しみ、黄泉（よみ）の国に去ったイザナミを迎えに行きました。ところがイザナミに拒まれてしまいます。それを受け入れられないイザナキは、イザナミのいる部屋の中を覗くのです。そこには腐乱して変わり果てた姿のイザナミが横たわっていました。パニックに陥ったイザナキは一目散に逃げ出しました。恥ずかしい姿を見られたと激怒したイザナミは手下に後を追わせましたが、イザナキによって撃退されました。ついにはイザナミ自らが追手となります。

死者の国と生者の国の境、黄泉比良坂（よもつひらさか）でイザナキとイザナミは対峙し、イザナミが「イザナキの国の民を毎日千人殺す」と言えば、イザナキは「ならば毎日千五百人の民を生む」と返した。その応酬があった場所がこの黄泉比良坂です。黄泉の国から筑紫の日向の橘の小門の阿波岐原（あわぎはら）へと至ったイザナキは禊をします。イザナキは、自分が「穢き国に到りてありけり」ゆえ、自分の体を「禊せんと」言って、左の目を洗うと、天照大神が生まれ、右の目を洗うと月讀命（つくよみ）が生まれました。鼻を洗うと素盞嗚命（すさのお）が生まれたのです。イザナキはこれを大いに喜んだと、古事記は伝えています。

言うまでもありませんが、目や鼻を洗って、生命体が誕生するはずはありません。ここで留意すべきは、日本書紀という律令国家の政治性を帯びた歴史書と異なり、古層の記憶や語りの集積である古事記が、「ケガレを禊ぐ」あるいは「祓う」行為によって、天照大神という皇祖神が生まれたとしていることです。神道における禊祓はイザナキの禊に源流を求めることができるというのが定説です。神道の精神として強調される観念として「清明心」という言い方もあります。こうした状態にあるためには、身も心もケガレていてはならないし、ケガレていれば祓わなければならないのです。こうした禊祓の意識や清明心は、世俗化したいまの日本人の集合的無意識の中にも埋め込まれていると思います。

というのも、ある組織の下位の者が不祥事を起こして社会的な問題になったとき、謝罪する組織のトップに対し、記者会見でトップとしての責任のとり方を追及する場面があります。中にはトップの責任まで問うのは無理だと思われるケースもあります。それでも、責任をとって辞任すれば潔いとされ、問題解決のため職務を全うすることが責任をとることだ、と言えば、どこか納得のいかない空気が漂います。身を引くことで物事にけじめがつくとする精神風土があるように思えてなりません。

言い換えれば、「辞任＝ケガレを祓って真っ白な形で再出発すること」をよしとするという感じでしょうか。もっと身近な例で言えば、大晦日のNHK紅白歌合戦で大騒ぎをしていたと思ったら、23時45分、静謐な銀世界に建つ寺院の映像に変わり「ゆく年くる年」が始まります。除夜の鐘を撞く人々が列をなす寺院、初詣を待つ参拝者で埋まった神社の様子がテレビに流れます。これは一年の終わりに、人為的に混沌を作り出した後、静かな秩序ある世界のもとで生まれ直すことを意味していると言われます。年の変わり目で、ケガレを祓えば「なかったこと」にできるというのです。

神道に根ざした日本人の集合的無意識

オウムの死刑執行に関する法務官僚の「没論理の論理」について改めて図式的に整理してみます。まず、天皇の代替わりの儀式には、「即位の礼」とその後に行われる「大嘗祭（だいじょうさい）」があります。大嘗祭は天皇家の秘儀であり詳細は明らかにされていませんが、れっきとした神事です。昭和から平成への代替わりの際、即位の礼は国事行為とされた一方、大嘗祭は宗教色が強く、国事行為としてしまうと政教分離の原則に抵触することが懸念されるため、そこからは皇室行事として行われました。皇位継承儀式の分離は、現代においても天皇と神道は不可分の関係にあることを浮き彫りにしています。

即位の礼は象徴天皇としての儀式、大嘗祭は神裔としての天皇の儀式だと言えます。両者を比べた場合、神裔であり「一大家族国家」の家長としての天皇の方が、明治政府が国家統合のために創り出したことに源流があるとはいえ、江戸時代中期の国学にその芽は認められるわけですから、はるかに歴史が長いのです。

近代官僚の起源は、そうした天皇に身分を与えられた「天皇の官吏」であり、戦後は憲法で「全体の奉仕者」と位置づけが変えられましたが、人事権という組織の根幹に関わる部分は、戦前戦後を通して連続性を保つことに成功しました。したがって官僚階級としての文化にも断絶が生じなかったと考えていいと思います。

そして、ケガレを忌み嫌い、それを祓うことで、浄き直き己になるという感覚。これは神道に根ざした日本人の集合的無意識だと言えます。

天皇が神性を帯びた存在である以上、天皇に過ちやケガレがあってはなりません。「天皇の官吏」たる法務官僚が、新しい天皇の御代を迎えるにあたり、天皇に取って代わろうと、首都に毒ガスを撒いた宗教の主宰者という「ケガレ」を持ち越してはならない。このタイミングで「祓う」必要があると考えたのは当然のことだと思います。そうすることによって、無垢な状態で新しい時代を始められるのだ、と。

最初に「平成に起きた事件は平成のうちに決着をつける」というのは、没論理だとことわりをつけました。その没論理の内実にあえて説明を試みるならば、「ケガレ」を

「祓う」としか言いようがなくなるのです。

大本への内務官僚の警戒

ここで思い出したいのは、1921年と35年、大本（いわゆる大本教）への国家による二度の弾圧です。大本は、教祖・出口なおの前に、国常立尊（古事記では神世七代の最初の神）が現れた1892年（明治25年）を開教の年としています。出口なおが神懸かりで記した「お筆先」を、二代教主の夫でもあった出口王仁三郎が聖典として整理し、教勢を拡大していきました。

大本に対する二度目の弾圧は苛烈を極めました。内務省警保局長・唐沢俊樹は「今日こそは大本教を地上から根こそぎ抹殺する方針である」と述べています。警保局長とは、警察部門のトップで、内務省の中でも重要なポジションでした。内務省の管轄である特高警察による教団幹部の取り調べは、共産党に対する弾圧の比ではなかったと思います。三代教主の夫・出口日出麿は精神に変調をきたし、その後も回復することはありませんでした。最高幹部の岩田久太郎は逮捕翌年、拷問により衰弱死、栗原白嶺は獄中で縊死しました。ほかにも自殺未遂者が二人。教団の逮捕者は1千人近くにのぼり、そのほぼ全員が何らかの拷問を受けたと言われています。

京都府綾部と亀岡の教団施設は、徹底的に破壊されました。しかも破壊に要する経費は教団が負担させられたのです。

大本はオウム真理教とは違い、テロを起こしたわけではありません。弾圧の理由は、不敬罪と治安維持法違反容疑です。第二次弾圧があった1935（昭和10）年といえば、五・一五事件と二・二六事件の間で、革新派軍人や右翼による国家改造の機運が横溢していた時代でした。

大本の出口王仁三郎は国家改造を志向する右翼の大物や軍人、政治家との縁が深く、こうした勢力との結びつきを内務官僚が警戒したこと、そして大本の教義に皇祖神である天照大神よりも、教祖・出口なおの前に現れたという国常立尊を上位においていたことが、天皇の神聖性・権威を侵すものだと受け止められたのです。内務官僚にとって大本は、天皇を元首に戴く国家についた「ケガレ」だったのです。

「ケガレ」というのは生理的な嫌悪に由来するものですから、「理屈抜き」なものです。

それを「祓う」のですから、「気持ちの悪いものは殲滅してしまえ」という非常に恐ろしい話に転化する可能性があります。現代に生きる私たちは合理的な空間で行動しているようでいて、実はこのような情念的な空間に身を置いていることに気づくことができないのです。

法務官僚の論理と行動

そのように考えると、法務官僚が「平成に起きた事件は平成のうちに決着をつける」という理屈をおかしいと思わず、死刑を執行したのは恐ろしいことです。こうした法務官僚の論理と行動は「官僚とは何か」を明らかにする手がかりになります。

一般社会で生活する私たちが他人を傷つけたり、殺したりすると、犯罪になり、警察に逮捕・送検され、検察に起訴され裁判を受け、刑に服します。ところが、国家は国民を兵士として徴発し、戦場で敵国の兵士を殺せと命じることができます。その命令に従って殺人を犯しても罪には問われません。あるいは死ねと命じることもできます。開戦の大義名分はいくらでもつけられますが、結局のところ「国家の都合」です。そのために国民の命が左右されるのです。

凶悪な犯罪を犯した人間に対しては、裁判によって死をもって罪を償うよう強制できます。地下鉄サリン事件などの実行犯、主導したとされる麻原彰晃に対し、法務官僚が上川法相に死刑執行の署名をするよう説得し、刑が執行されたことも「平成のことは平成のうちに」という「国家の都合」と言えるのだと思います。

第6章

官僚とは何か？

～階級・新自由主義・税の収奪

「生きづらさ」を抱える若者限定

さて、これまで官僚や官僚組織の原理について述べてきましたが、最後に「階級」としての官僚について考えてみたいと思います。つまり、「官僚とはいかなる階級に属するものなのか」という観点から分析します。

読者の皆さんは、若新雄純（わかしんゆうじゅん）さんという名前を聞いたことがありますか。私は、ある企業の広報誌で対談するまで若新さんのことを知りませんでした。若新さんの公式サイトによると、肩書はプロデューサー／研究者で、〈株式会社NEWYOUTH代表取締役、慶應義塾大学大学院政策・メディア研究科特任准教授、国立福井大学産学官連携本部客員准教授〉となっています。

若新さんの取り組みは、新自由主義の進展によって急増する、低収入の若年層の価値観を見せてくれるように感じました。官僚が今の日本で大手を振って歩ける理由の一端を、この若年層が持つ価値観が教えてくれると思います。

若新さんは、2013年、NEET株式会社を設立しました。会社を構成するのは全員ニートで、皆、取締役に就いています。例えば、ゲームの相手がいないときや、イベントでの集客が足りないときの調整要員など、相手のニーズに応じて自社のニートを派遣する事業などを行っています。このほかにも、他者とのコミュニケーションが苦手だったり、今の社会のあり方に疑問を感じたりなど、さまざまな理由で「生きづらさ」を抱えている若者を限定に、支援となる就職やビジネスモデルを構築したり、ワークショップを開いたりしています。

実際に若新さんと話しての私の印象ですが、「ゆるさ」がキーワードになっていると感じました。若新さんがかかわったプロジェクトの中で象徴的だと思ったのが「週休4日、月収15万円」を稼ぐことを提唱する「ゆるい就職」プロジェクトです。週5日勤務に疑問を持つ新卒から25歳以下を対象に〈いろいろなスタイルの働き方と、人生の健全な寄り道を模索する〉（公式サイト）ものだといいます。

生活保護基準が東京23区や大阪市で約16万円、安い市町村で約13万円ですから、月収15万円はその中間で、ギリギリ生きていける絶妙な金額です。親にパラサイトし続けることができるならば、〈サクッと稼いで、たっぷり遊ぶ〉ことができる金額です。就職関連でいえば、自意識過剰のために普通の就活がうまくいかない若者のための就職プロジェクトや、就活がバカバカしくなってやめた若者のための〈実験的でマイナーな就職プロジェクト〉も立ち上げています。

若新さんは特任准教授や客員准教授という肩書で大学にもかかわっているそうですから、少なからずそうした学生がいて、新しいニーズがあることを知ったのでしょう。学生の中には1日8時間労働を長期にわたり継続的に行うことはできなくても、頭が良くて、特定の分野ではそれなりのスキルを発揮する人がいることは十分に考えられます。つまり、コストがかかる正社員の採用を抑制し、安上がりな契約社員を増やす傾向にある企業にとって、たとえば週休4日のピンポイントで活用できる、スキルを持った若者は、好都合な存在だとも言えるでしょう。

若いうちはそんな契約形態でも生活が成り立つかもしれません。2015年の日本の所得の中央値が245万円なので、122・5万円以下で生活している人が「相対的貧困」に当たります。包み隠さず言えば、「ゆるい就職プロジェクト」の年収ベースで見れば彼らはそこには入りません。

とはいえ、所得が低いことに変わりはなく、長い目で見れば、大卒者が新卒時点で就職につまずき非正規雇用で働くようになると、改めて正規雇用で上場企業並みの年収が得られるような企業に転職することは、雇用形態が多様化したとはいえ、きわめて困難なのが現実です。こうした「ゆるさ」に共鳴する若者は、中年期を迎えても貧困層からの脱出が難しくなるでしょう。

とりわけ高学歴の若者は、貧困層からの上昇ができないとなると、自分のプライドを傷つけずにすむ「理屈」や「思想」を見つける必要があります。その意味で、若新さんの提示する「ゆるさ」は、本人に自覚があるか否かは関係なく、今の自分のあり方を肯定してくれる、一種のイデオロギー操作の役割を担っているともいえます。

ちょうど、第二次世界大戦中、大学生に特攻隊員として国家に命を差し出させるための理由づけの装置として、悠久の歴史に参加せよと説いた田邊元の『歴史的現実』が求められたことと構造が共通しています。

結果的に、若新さんは、現在の労働現場における消耗品としての若者を貧困層内で再生産するというイデオローグになっているように思えます。若新さん個人というよりも、彼が体現しているもの、と表現した方がふさわしいのかもしれません。

「絶対転落したくない」という危機感

「自分は金を稼ぐ人たちの仲間入りができなかったのではなく、自分の意思でそうしなかっただけだ」。このような考え方は、客観的に見ると滑稽だけれども、本人からすると「納得できる」構図なのです。

私がここまでの話を知ってゾッとしたのは、若新さんが体現するこうした自己肯定的な価値観が、何年も前から若者たちの間に芽生えていたのに、私にそれが見えていなかったことです。

自分が属する階層の持つ価値観とは異なる価値観が、こうした若年層に生まれていた。つまり、新たな階級が生まれたことを意味しているのだと思います。

若新さんが体現している価値観を知ったことで、ここ1年くらい不思議に思っていた謎が解けました。それは、「なぜ若い女性たちが、生活保守主義的な考え方をするのか」という疑問です。そんな疑問を抱いたのは、東村アキコさんの人気漫画『東京タラレバ娘』を読んだことがきっかけでした。

アラサーの独身女性3人が主人公で、2020年の東京オリンピック中継を「1人で見たくない」「親と見たくない」というのが3人に共通する思いです。つまり、それまでになんとしてでも結婚したいという焦りを抱えてジタバタする恋愛・婚活漫画です。作品中、3人の隠された思いを吐露するタラの白子やレバーの分身のようなキャラクターが現れます。そのキャラが主人公に対して、そんなに結婚したいなら、その相手が、①人間であること、②生きていること、③死んでいないこと、の三条件を満たしていれば誰でもいいじゃないかと言うのです。このくだりに私は、独身アラサー女性の生活保守主義の極致を見たように思いました。この漫画が多くの女性に支持され、テレビドラマにもなった背景には、女性たちの間に「今の生活レベルから絶対転落したくない」という危機感が共有されているように思います。

独身で居続けると収入は低いまま、でも結婚して相手の収入と合算すれば、ある程度の生活レベルは維持できる、つまり転落しないための手段が「結婚」という安定を手に入れることだというわけです。20代・30代の女性たちの生活保守主義的傾向は実に合理的なものだ、と納得できたのです。

自分の生活を守ることで精一杯で、政治に関心を持つ余裕がなく、社会の混乱を嫌う人々が、安倍政権を消極的に支持する心情もこれに似ているのかもしれません。

アンダークラスの誕生

私自身、「見えていなかった」新たな階級の誕生をはっきりとデータで示してくれたのが、橋本健二・早稲田大学教授の著書『新・日本の階級社会』（講談社現代新書）です。〈現代の日本社会は、もはや「格差社会」などという生ぬるい言葉で形容すべきものではない。それは明らかに、「階級社会」なのである〉と書かれています。

かつて一億総中流と言われ、大多数の日本人は、自分たちはある程度の豊かさを享受できる社会に暮らしているという認識が共有されていました。多くの日本人は自分が中流階級に帰属しているという意識を持っていたのです。しかし、そのように意識することと、実際の収入や就業形態から導かれるデータで見る中流は異なります。

橋本氏は、過去から現在に至るまでの政府統計をはじめとした各種社会調査データから、総「中流」が崩壊し、意識までもが階級化してゆくさまを明らかにしました。

格差拡大が始まったのは1980年前後のことであり〈格差を縮小するためのまともな対策がとられてこなかったのだから、四〇年近くも放置されてきた〉と、国の無為無策を手厳しく批判しています。

ところで、日本社会で進む階級化の意味について、官僚はどれほど認識しているのでしょうか。国家の主たる財源は言うまでもなく税金であり、官僚にとっても自分たちの生活の糧ですから、税金を払う国民が今どのような状況にあるのかを把握しておくことは不可欠の前提になります。橋本氏が示す、それまで社会学的に分類された階級は次のとおりです。

①資本家階級　従業先規模が5人以上の経営者・役員・自営業者・家族従業者。
②新中間階級　専門・管理・事務に従事する被雇用者（女性と非正規の事務を除外）。
③労働者階級　専門・管理・事務以外に従事する被雇用者（女性と非正規の事務を含める）。

④**旧中間階級**　従業先規模が5人未満の経営者・役員・自営業者・家族従業者。

ところが、日本社会の現状と照らし合わせた場合、この分類では説明しきれない階級があります。それが③の労働者階級です。その内部で大きな変化が生じていたのです。10年以上前から、労働者階級内における「非正規労働者」の存在は格差の問題と絡めて広く論じられてきました。いまや正規労働者と非正規労働者の格差が大きくなり過ぎ、ひとくくりに労働者階級と言えなくなっています。

労働者階級における貧困率を見ると、正規労働者の男性で6％、女性で6・8％。非正規労働者の男性は28・6％、女性で48・5％。正規と非正規ではあまりに格差が大きいと言わざるを得ない状況になっているのです。

橋本氏は次のように述べています。〈労働者階級が資本主義社会の最下層の階級だったとするならば、非正規労働者は「階級以下」の存在、つまり「アンダークラス」と呼ぶのがふさわしいだろう〉。つまり、これまでの労働者階級は正社員として安定した地位を保ってきたけれども、その一方で急増する非正規労働者は低賃金に甘んじているだけでなく、結婚もままならない。つまり家族を形成して次世代を再生産することもできないほどの経済的苦境に置かれている現実を考慮して、新たな階級を設定したのです。その実情を反映させて、橋本氏は次のように階級を整理し直しました（適宜補足して引用）。

①**資本家階級**　254万人。日本の就業人口の4・1％を占める。女性比率は23・6％。大部分が零細企業の経営者。平均個人年収604万円。

②**新中間階級**　1285万人。日本の就業人口の20・6％を占め、女性比率は約32・6％と高くない。平均個人年収499万円。教育水準が高く、収入も多い。資本家階級以外の他の階級よりも恵まれている。

③**正規労働者**　2192万人。日本の就業人口の35・1％を占める。平均個人年収370万円。男性に限れば421万円。それなりの所得があり、おおむね生活に満足している。

④**アンダークラス**（非正規労働者）　929万人。日本の就業人口の14・9％で、激

増を続ける。女性比率が他の階級に比べて高いのも特徴。平均個人年収186万円。資本主義社会の主要な要素の一つと言っていい存在になっている。

⑤**旧中間階級**　かつては最大の階級だったが、今日では就業者の12・9%にまで縮小。

さきに見た「若新ワールド」の若年層が、見事にアンダークラスと重なることが分かります。さて、ここまでで見てきた橋本教授が提唱する、どの階級分類にも属さない階級があります。それが官僚階級なのです。なぜならば、官僚階級は資本家階級から、アンダークラスに至るまで、すべての階級から徴収した税金によって成り立っているからです。他の階級とは拠(よ)って立つ基盤が異なるのです。

アンダークラスが、資本家階級、新中間階級、労働者階級からは見えづらいように、官僚階級もまた、見えづらい階級なのです。両階級は次に述べる点において共通しています。他の階級からひとたびアンダークラスに転落すると、再び、上の階級に移ることが困難になります。というのも、個人平均年収200万円に満たない状態で生活しなくてはならないために、社会活動家の湯浅誠氏が言う「溜め」を作ることができなくなるのです。その意味でアンダークラスは流動性が低いのです。

労働者と資本家の関係

先ほど、日本の一般社会は資本家階級からアンダークラスまで五つの階級に分けられるが、官僚はどの階級にも属さないと述べました。つまり、日本という国には、これら五つの階級とは別の論理で成り立つ空間があり、その論理に従って動く人々がいるということになります。それが「国家」です。この場合の国家とは、今の日本でいえば、日本国憲法以下の法律に基づいて、国民を支配する機関だといえます。そこで実務に携わっているのが中央省庁の官僚なのです。他に、地方公務員、自衛官、警察官などもそうです。

「国家」と対になっているのが、公務員に属さない人々で構成される「社会」です。「階級」とは、そこに支配・被支配の関係があって成立します。資本主義の構造を真剣に考え、その強さを明らかにしたのは、カール・マルクスの『資本論』です。マルクスは資本主義社会に独特の階級関係を発見しました。

日本も資本主義国です。資本主義体制において階級関係は独特の成り立ちをしています。資本主義社会を思い切り単純にすると、そこには資本家と労働者がいます。両者の関係は、名目上、平等で自由な雇用関係にあるとされています。

そもそも労働者とは、自分の労働力のほかに売ることができる商品を持っていない人々のことです。労働者は自分の労働力を、商品として資本家に売ることによって、賃金を得るのです。一方の資本家は、労働者から買った労働力という名の商品を効率よく最大限に活用することで、できるだけ多くの利益をあげ、それを元手に資本をもっと大きくしようとします。

次に挙げる例は、これまでも他の本で私が繰り返し説明してきたことですが、基本的な話になりますから、あらためて紹介します。

たとえば、コンビニで働いている人（労働者）がいるとしましょう。時給は1000円と仮定します。その人はレジ打ちもすれば、商品管理をして発注もする、宅配便の受付もすれば、店内外の掃除もする。その人にどのような仕事をさせるかはコンビニ側

（資本家）が決めるが、労働者は時給1000円で売った労働力でさまざまな種類の作業をしています。その結果、コンビニは労働者に支払う時給1000円よりもたくさん儲けを得ることができるのです。

仮にその儲けが一時間あたり1500円だとすれば、時給との差額は500円。その500円が、資本家の側（コンビニ）から見ると、剰余価値になります。資本家が労働力商品を消費して利益を出したとも言えます。逆に、自分の労働力を時給1000円で売った労働者の側から見ると、差額の500円を資本家が手にすることは、搾取となります。しかし、搾取は不正な関係ではありません。資本家が差額を手にすることは、労働者が自分の労働力を売るときの合意のもとで成り立っているからです。資本家が購入した労働力商品を徹底活用して剰余価値を増やすことは、資本家の階級的良心に基づく行動だとも言えます。

すなわち、労働者と資本家とは自由で平等な関係ではあるが、それぞれの成り立ちが決して交わることはないという意味で、階級関係があるということになります。これがマルクスによって『資本論』で解き明かされた基本的な資本主義社会の原理です。人間が自身の労働力を売り物にする労働力商品は、他の商品、たとえばスマートフォンや衣料品、電化製品などとは性質が異なります。スマホや衣料品、家電などは、それらが大量生産品であるならば、それぞれの製品を作るのに適した設備のある工場で製造されます。

では、労働力商品の特徴とはどのようなものでしょうか。労働力商品が長期間、賃金と交換できるだけの価値を発揮するために必要な「設備」や「工場」に該当するものは何か。労働者が資本家から得た賃金の使い方に注目して、労働力商品の特徴を三つの要素に分けて見ていきましょう。

まず、労働者が得た賃金は、食べる・服を着る・寝る、さらにこうした営みを続けるための住まいを確保することに使われます。休日にはレジャーも楽しみます。こうした「暮らし」を通して、労働者は、繰り返し働き続けられるだけのエネルギーを蓄えることができるのです。賃金は労働力の再生産に使われる。これが一番目の要素です。

しかし、これだけでは資本主義社会は成り立ちません。なぜならば、人間はある程度の年齢になったら働けなくなるし、死んでしまうからです。次の世代の労働者を作る必要があります。家族を持って、子どもを産み育て、子どもが新しい世代の労働者になれるだけの教育を授けなければなりません。当然、家庭の維持にはコストがかかります。

資本主義社会の階級関係

安定した家庭を維持することは労働者にとって消費と休息の場が確保されることであり、次世代を含めた労働力を再生産するということです。これが二番目の要素になります。

三番目が教育です。今日のような産業社会においては技術革新が当然あり、それに対応するために自己教育、つまり自分への投資をしていかなければなりません。職場のIT環境が変わり、ついていけそうにないと感じたら、解説書を買って勉強します。これも自分への投資です。

一から三までの要素を充分に満たすための賃金が労働者には必要です。ところが現在、企業（資本家）は、人件費をできるだけ抑えようとしていて、労働者に支払う賃金のうち二番目、三番目の要素をできるだけ切り詰めようとしているか、すでに切り捨てているのが現状です。２０１７年の労働力調査によれば、正規雇用者が３４２３万人、非正規雇用者は２０３６万人となっています。雇用形態そのものを変えることで、人件費を抑える傾向にあることがわかる数字です。

大資本に対して個々人の労働者は無力です。一人の労働者が賃上げを要求しても通用しません。そこで労働者が団結し、労働組合として企業に対応しようということになります。ただし、現在、共産党や一部の識者が主張するような、大企業は巨額の内部留保があるのだからそれを吐き出して賃上げしろというのは、労働力商品が成り立つための三要素と照らし合わせてみると、根本的な考え方が違います。

労働者の立場から言えば、企業が儲かっていようがいまいが、内部留保があろうがなかろうが、労働力再生産のためには、これだけの額のお金が必要だと資本家に要求し、獲得していくことが筋なのです。

原則的には、労働者が売った労働力が生み出した剰余価値は労働者の手には渡りません。いわゆるボーナスにはその意味合いがありますが、これは業績給という形態で賃金を分割払いしているに過ぎません。つまり、労働者と資本家との間の交換とは、あくまでも労働力とその対価としての賃金との交換が基本だということになります。

賃金を得て、労働力を再生産するのだから、生命を維持するということです。ここで起きている交換とは、命とカネの交換なのです。資本家は金儲けを考え、労働者は自分の命を守ることを考える。これは人間という観点からは決して等価の交換だとは言えない。そこには決定的な差があります。ここに資本主義社会が独特の階級関係で成り立っていることの本質があります。しかし、資本主義とはもともとそういうもので、こうした本性を隠して成り立っているのです。

資本主義のメインプレイヤー

さて、資本家は労働者から労働力を購入する以外にも、お金を動かしています。

資本家がオフィスや工場を構えるには、それだけの土地が必要です。土地は資本によっても労働力によっても作ることができません。本来、土地は誰のものでもありませんが、資本主義が始まった時点で誰かが土地や治水権を所有し、資本家は土地の使用料を地代として所有者に払わなければならなくなりました。ここで利用価値のある土地を所有していれば地代が生まれるというフィクションとしての資本（擬制資本）が生まれます。地代に似ているのが株式です。株式というのは、ある企業が広く資金を調達するための手段です。株主は企業が利潤を生めば、株を持っているだけで配当を得られます。また、株式市場で株価が変動するので、その売買で利ざやを稼ぐこともできます。これは産業資本が生んだ利潤の一部が金融資本や株式資本へと移動しているわけです。

こうした資本家同士の間、あるいは資本家と擬制資本との間での金銭の移動は分配とされます。労働力商品の売買によって関係が成り立っている労働者に分配は関係ありません。労働者、資本家、地主——18世紀の経済学者デヴィッド・リカードが労賃、利潤、地代として論じ、マルクスがその見方を受け継いで発展させた三大階級が出揃いました。この三者が資本主義のメインプレイヤーです。別の言い方をすれば、「社会」の主要な構成メンバーです。しかし、ここではまったく官僚の存在が出てきませんね。官僚は先の三大階級に属さず、別のものであるのです。

イギリスの社会学者アーネスト・ゲルナーは、社会の発展を三段階に分けて論じています。第一段階が狩猟採集社会。この社会において国家は存在しませんでした。第二段階は農耕社会。この社会においては国家がある場合もあれば、ない場合もあります。第三段階が産業社会。この社会においては必ず国家があります。

なぜ、産業社会には必ず国家が存在するのでしょうか。産業社会では技術革新が進み、その変化に労働者が対応できなければ成立しません。そのための基礎となる、読み書きソロバンが身につくだけの初等中等教育を子どもたちに授ける必要があります。なぜならば、仕事場でマニュアルを読む力をつけないまま成長しても、労働者として使えないからです。つまり産業社会を支える人間を大量に育てるための教育が求められるのです。

教育は言語と計算が中心ですが、全国民に、義務として教育を受けさせるためには、全国各地に学校用地を確保し、校舎などの施設を建て、さらに教師、教材が必要です。そのコストは膨大なものになります。こんな大掛かりな社会資本の整備は、国家のほかにはできないからです。ゲルナーの議論をまとめれば、社会にとって必ずしも国家はいらないけれども、社会が大量生産・大量消費のフェーズに移行すると、産業の基盤を支えるためのインフラを構築するという機能として国家は必ず存在するということになります。当然、国家もタダでインフラ整備はできません。どこからか資金を調達しなければなりません。

国家の資金調達先はどこか。この点を考えると、国家の本質が見えてきそうです。国家権力が露わになる局面を見ると、それが摑めます。国家が国民をその意思にかかわらず力任せに従わせる場面はどこなのか。

一つは、先ほども述べた徴兵です。国家は己の存続のために国民に死ぬことを命令することができます。日本の場合は徴兵制がないために見えにくいのですが、国家は民主主義体制であろうと独裁体制であろうと、原理的には国民を徴兵することができます。

日本の場合ならば、裁判員制度を考えてみてください。裁判員に指名されたら、原則として断ることができません。日本国憲法に義務としての規定がないのに、国民の身体を拘束することができるのです。犯罪を犯したときでさえ容疑者の身体を拘束するためには原則として令状が必要です。しかしそれがなくても裁判員として国民を拘束することが可能なのです。それから警察権。犯罪の容疑者を捕まえるだけでなく、戦前の治安維持法のように、個人の思想信条にまで立ち入って、国家にとって好ましくない人間の身体の自由を奪うことができる。それも国家の一つの姿なのです。

そしてもう一つが、国民からの徴税です。これが国家の資金調達先です。納税は日本国憲法に定められた国民の義務の一つです。兵役義務もかつては血税と言われていました。非常に面白いのは、脱税をしても警察に逮捕されないことです。代わりに脱税の有無は国税庁が調べ、それが明らかになった場合、国税庁は検察に告発します。そして検察が脱税した人物を捕まえにやってきます。裏を返せば、徴税が国家にとっての重大事案だということを意味しています。

支配・被支配の関係

「国家」は「社会」に対して、非常な強制力、言い換えれば支配力を発揮できるということがわかります。当然、その実務を担う集団が必要です。それが官僚であり、一つの階級を作っているのです。マルクスが言うところの、資本家・地主・労働者の階級関係とは違います。例えば、ブラック企業で社長にすり減るほど働かされていても、社長に支配されているわけではありません。原理的には労使の合意に基づいています。これは契約関係です。したがって、労働者の側から雇用契約を破棄することもできるのです。

ということは、階級の基本である支配・被支配の関係はどこに発生しているのでしょうか。

支配・被支配の階級関係は、義務を課す国家と、否応なくその義務を果たさねばならない社会との間に、あるいは、官僚とそれ以外の人々の間に発生しているのです。

いよいよ官僚の本質が見えてきました。

まず、文芸評論家の柄谷行人さんは、著書『近代文学の終り』（インスクリプト）で、官僚について〈税を徴収し、再分配する〉人々だと述べています。簡単に言ってしまえば、税は、官僚が国家を運営する原資になるから、その意味で、国税庁職員のように直接、徴税にかかわらなくても、官僚は〈税を徴収し、再分配する〉機能を果たしているのです。

私は、柄谷さんの説に基本的に賛成ですが、私は官僚のことを、社会の側にいる人たちが働いて得たお金を強制的に「税として収奪し、見せかけの再分配をして食っている人々」と表現したいと思います。なぜ「見せかけの再分配」なのかというと、国民から「税を収奪する」ことが官僚にとっての本筋であり「再分配」はオマケだからです。

官僚の本質が見えた改正法案

たとえば、２０１８年夏、衆院で可決された法案の一つに、水道法改正法案がありました。参院へ送られたものの、継続審議になっています。

水は人間が生きていく上で欠かせません。古代ローマは帝国内の主要都市の水道網を整備しました。いつの時代も、水道インフラは安定した国民生活のための基本中の基本です。日本では、全国どこでも水栓を開ければ安全な水を飲めます。コストがかかっても公共部門が水道事業を担ってきたからです。水道インフラを維持するために自分たちの税金が使われることは納得できると思います。

ところが水道法改正案には、水道事業の事実上の民営化が盛り込まれています。民営化が実現した場合、業者によってサービス、料金が異なってくるでしょう。極端な話ですが、人口が少ない地域に対しては、採算面から水道のメンテナンスがおろそかになるか、水道料にメンテナンス料が大きく上乗せされることだって考えられます。こうした基本的なインフラについては誰もが同じサービスを受けられるよう公共部門が担う。そのための税金の再分配だと思うのですが、民営化とは、それを放棄します、と宣言しているようなものです。水道法改正案の中身からは、「再分配」がオマケであり「税を収奪する」という一方通行の関係が本筋、という官僚の本質がよく見えるのです。

佐藤　優 さとう・まさる
1960年生まれ。作家、元外務省主任分析官。同志社大学神学部卒業。同大大学院神学研究科修了。85年、外務省入省。在ソ連日本大使館勤務。北方領土問題など対ロシア外交で活躍。2002年、背任と偽計業務妨害容疑で逮捕。09年、最高裁上告棄却。13年、執行猶予期間を満了し刑の言い渡しが効力を失う。同志社大学神学部客員教授、同大特別顧問、名桜大学客員教授。著書に『国家の罠』(毎日出版文化賞特別賞)、『自壊する帝国』(大宅壮一ノンフィクション賞、新潮ドキュメント賞)など多数。

朝日新書
694
官僚の掟
競争なき「特権階級」の実態

2018年11月30日第1刷発行

著　者　佐藤　優

発行者　須田　剛
カバーデザイン　アンスガー・フォルマー　田嶋佳子
印刷所　凸版印刷株式会社
発行所　朝日新聞出版
〒104-8011　東京都中央区築地5-3-2
電話　03-5541-8832（編集）
　　　03-5540-7793（販売）

Published in Japan by Asahi Shimbun Publications Inc.
ISBN 978-4-02-273797-7
定価はカバーに表示してあります。

落丁・乱丁の場合は弊社業務部(電話03-5540-7800)へご連絡ください。
送料弊社負担にてお取り替えいたします。